2020年の

Can I help you ?

郷農 彬子 著

はじめに

Can I help you?
キャナイ　ヘルプ　ユー

Est-ce que je peux vous aider?
エス　ク　ジュ　プ　ヴ　ゼデ

¿Le puedo ayudar en algo?
レ　プエド　アユダル　エン アルゴ

　一度、音読してみてください。「キャナイ　ヘルプ　ユー」まるで、溺れそうになっている人に投げる浮き輪のようです。温かくてやさしい響きをもっています。できれば、相手の目に語りかけるようにゆっくりとね。

CAN I HELP YOU？

　外国で途方に暮れ、この一言（ひとこと）を待ち望んだことはありませんか？
　日本の街角で外国の方がもしお困りのようだったら、お手伝いしたいという気持ちを躊躇せずにお伝えしてはどうでしょうか。余計なお世話かもしれないなどと遠慮しなくてよいと思います。また自分の英語で伝わるだろうか、という心配があるのなら、この本を持って出かけてください。

　本書は、50年以上前に開催された1964年東京オリンピックで実際に通訳の任務に就いた中島百合子氏の協力のもと、同パラリンピックの通訳の任務に就いていた私、郷農彬子が、昔の経験をもとに書かせていただきました。当時、日本はインフラの整備にやっきとなり、新幹線や高速道路の完成がどうにかこうにか間に合ったのです。語学面でも遅れをとっており、通訳として使える人たちが非常に少ないという状況下で研修を重ね、かろうじて開催されたと言っても過言ではないでしょう。そのとき、世紀の祭典に及ばずながらもコミットできた私たちはラッキーだったと思います。

そのような経験の喜びを、2020年には多くの方々にシェアしていただきたいものです。たとえプロの通訳として役立たなくても、どこかにチャンスはあるかもしれません。人助けなら老若男女、どなたにでもでき、しかもボランティア精神さえあれば大丈夫。I WILL HELP YOU！です。街角でしばし国際交流なんてステキですね。海外からの観客やアスリートの方々に良い印象を持ってお帰りいただければ、ちょっとした外交官気分に浸れそうです。そうして、21世紀東京オリンピック・パラリンピックを成功させ、思い出をたくさん作っていただければ、望外の幸せです。下記の3つの心得も参考になさってください。

（老婆心1）
日本人はもっと公共の場で「すみません」と言う習慣を。
電車で人にぶつかったらすぐに、"Excuse me."です。

（老婆心2）
何かしてもらったら、「ありがとう」と相手を見て言いましょう。
機内配膳のとき、日本人がいちばんお礼を言わないのだそうです。

（老婆心3）
外国では惚れっぽくなるのが人の常。中にはオオカミも？

本書の使い方

本書は日本人が路上、駅頭、お店などで困っていそうな外国人に"Can I help you?"と声を掛け、手助けになる会話を紹介しています。

日本人が話すことを想定した文頭には 私 、また外国人が話すこと想定した文頭には、最も使用頻度が高いと思われる英語の二人称を表す You と表記しました。

Chapter 1 では様々な場面で困っている初対面の You に 私 が"Can I help you?"と声を掛けることから始まる対応を紹介しています。状況によって 私 の言葉を選んでください。

Chapter 2 では"Can I help you?"で知り合った You や外国人の友人との会話を紹介しています。さらに You のことを知るために、またはさらに You をおもてなしするための言葉を紹介しています。

Chapter 3 は You に伝えたい日本の伝統文化や行事について話すときにそのまま使える例文を紹介しています。

Chapter 4 は基本的な 12 の挨拶を収録しました。

Appendices chapter 1〜3の会話を、いろいろな状況で応用するために単語集も収録しました。

本書をご活用いただき、よい結果を得られますことを念願しております。

読み仮名について

　本書では、英語、フランス語、スペイン語にカタカナで読み仮名をつけてあります。発音符号ではなくカタカナで表すことにはかなりの議論があったのですが、実際の場面で少しでもお役に立てばと、不備を承知でカタカナ表記を試みました。言語によって独特の発音がありますので、カタカナで正しく置き換えることはできません。読者の皆様にはその点をご理解いただき、より正しい発音を知る機会を別途作っていただければ幸いです。

　英語の場合、RとLの区別とThの音が大きな問題ですが、これらの音の表示については7ページの「英語の読み仮名について」をご覧ください。もう一つの難題は、日本語にはない、子音だけの発音でした。日本語では、子音で終わるケースは、語尾が「ん」のときだけですが、英語には、B , D , F , G , H , K , L , M , N , P , Q , R , S , T , V , W , X , Y , Z , Th , Sh , Ch など多数あります。

　子音で終わる英語をカナ書きすると、例えばBANKはバンクとなり、子音Kで打ち止めたくても、Kの後に母音ウが付いている「ク（KU）」になってしまいます。最後の母音は要らないからと言って、バンK、プレゼンT、オリンピッK、キンGと書くわけにもいきません。カタカナでの表示の難しさです。

　母音については、日本語では、ア、イ、ウ、エ、オ、の5種類のみ。英語では、分類法にもよりますが、20以上あるとされます。アに聞こえる母音だけでも少なくとも3種類。ですから、アと書いても、それがどの「あ」音を表すかまでは示せません。アイ、オウ、エイ、などの二重母音についてはきちんと記したつもりです。

子音で終わる単語の後に母音で始まる言葉がくる場合には、単語同士がつながって別の言葉のように聞こえます。その音に近づけて表記しようと、書かれている単語とはかなり違った読み仮名をつけることも可能かもしれません。Get up を「ゲラップ」のように。けれども、日本語を母国語とする私たちがまずするべきことは、ひとつひとつの言葉をきちんと話すことと考え、ほとんどの場合は単語ごとにカナをつけました。

　単語のアクセント（どの部分を強く発音するか）や、文章のイントネーション（文脈により変化するうねりのようなもの）も会話する際に大変重要なことですが、本書ではそこまでは触れませんでした。

　読み仮名を参考にしながら、外国語での会話を楽しみ、分かり合う喜びを味わっていただけることを願っております。

英語の読み仮名について

　本書では、英語の発音に少しでも近い音を表すために読み仮名に独自の記号を付けました。

・下線（アンダーライン）のついた字
　「ラ行」の音で下線（アンダーライン）を引いたもの（例：ラ、リ、ル、レ、ロ）があります。これは英語のスペリングがRのついた単語であることを表しています（例：right ライト）。RとLは、日本語ではどちらも「ラ行」の音として表現されますが、ご存じのように英語ではRとLは別の音です。R音では、舌は上顎につけません。「ウ」と言うように唇をすぼめて前に突出してから「ラ行」の音を出すとRに近い音になります。「ゥライト」のように。
　アンダーラインのないラ行の音、つまりLのついた単語（例：like ライク）は、舌を上の歯茎、もしくは前歯の後ろにつけてクリアーに発音してください。

・○で囲んだ字
　○で囲んだ字（例：㋚、㋛）は、その部分の英語のスペリングが'th'であることを表しています（例：The ㋚）。'th'の音は日本語にはありません。この記号のある個所では舌の先を上下前歯の間に軽く挟み、引き戻す際に空気を吐き出しながら発音してみてください。

もくじ　CONTENTS

はじめに…………2
本書の使い方…………4
　読み仮名について…………5
　英語の読み仮名について…………7

Chapter 1　　*Can I help you?* から始まる会話

道案内 1　　東京駅への行き方…………14
道案内 2　　柔道会場への行き方…………17
道案内 3　　オリンピックスタジアムへの行き方……21
道案内 4　　新宿への行き方…………24
道案内 5　　渋谷への行き方…………27
道案内 6　　電車の運行状況…………31
道案内 7　　道路横断…………35
道案内 8　　交番への案内…………39
道案内 9　　銀座へのタクシー…………43
道案内 10　　病院…………48
道案内 11　　バスの乗り方…………52
道案内 12　　聞き直す…………56
道案内 13　　案内できないとき…………59
道案内 14　　コインロッカーの使い方…………62
道案内 15　　wi-fi スポット…………65
道案内 16　　トイレはどこ？…………69

Chapter 2　さらにもてなす会話

- 自己紹介…………74
- どちらからいらっしゃいましたか？……76
- 天気の話題…………78
- 食事に誘う…………82
- 飲食店１　日本食……84
- 飲食店２　注文……87
- 飲食店３　食べられないもの……90
- 記念写真…………92
- 観光案内１　スカイツリー……95
- 観光案内２　マンガ・アニメ……100
- 観光案内３　歌舞伎……104
- 出迎え…………108
- 別れの会話…………112
- 自宅に招く１　玄関……114
- 自宅に招く２　部屋……116
- 競技場…………119
- 落し物…………122
- 美容院…………124
- 衣料店…………126
- 土産物屋…………128
- 緊急事対応…………130
- 病院…………132

Chapter 3　日本文化紹介

お祭り…………136
温泉・お風呂…………140
相撲観戦…………144
神社にお参り…………148
お箸の持ち方…………152
花見…………154

Chapter 4　挨拶集　　…………158

Appendices　付録：単語集　…………162

あとがき…………182

Essays

長母音と二重母音…………16
"Can I help you?" と "May I Help You?" …………20
もしも外国人に道を訊かれたら？…………23
英語を学ぶならまずは"ABC"から…………26
おもてなし Part 1 …………30
「お客様」ということば…………34
おもてなし Part 2 …………38
1964年東京オリンピック昔話…………41
1964年東京パラリンピック昔話…………46
ボランティアの笑顔はひまわり…………50
あるとき席を譲られました…………55
通訳は万能変換機？…………64
トンデモ通訳・翻訳…………64
先端的トイレ…………68
トイレその2 …………72
天気予報…………80
アメリカ・テキサス・カレッジステーションにて…………94
一介の主婦、海外で奮闘…………98
おもてなし Part 3 …………103
言葉がわからず怖い目に…………107
国際引越し：米国からドイツへ…………110
おもてなし Part 4 …………118
おもてなし Part 5 …………121
フィーバーって病気なんです…………134
和式・洋式：お風呂の場合…………139
みんなちがって、みんないい。…………150
ご挨拶は万国共通？…………160

Chapter 1

Can I help you? から始まる会話

私 何かお困りですか？

英 Can I help you?
キャナイ ヘルプ ユー

仏 Est-ce que je peux vous aider?
エス ク ジュプ ヴ ゼデ

西 ¿Le puedo ayudar en algo?
レ プエド アユダル エン アルゴ

街頭で、駅周辺で、お店で困っていそうな外国人を見かけました。そんなときには"Can I help you?" と声を掛けてみましょう。Chapter1 では "Can I help you?" に続く対応を集めました。状況に応じた例文を使ってください。

Chapter 1 *Can I help you?* から始まる会話
道案内 1　東京駅への行き方

（路上で困っています）

私 何かお困りですか？

英　Can I help you?
　　キャナイ　ヘルプ　ユー

仏　Est-ce que je peux vous aider?
　　エス　ク　ジュプ　ヴ　ゼデ

西　¿Le puedo ayudar en algo?
　　レ　プエド　アユダル　エン アルゴ

You 東京駅に行きたいのですが、行き方が分かりません。

英　I'd like to go to Tokyo Station.
　　アィド ライク トゥーゴウトゥートウキョウ ステイション
　　Can you tell me how to get there?
　　キャニュー　テル　ミー　ハウ　トゥーゲッ ゼア

仏　Je voudrais aller à la gare de Tokyo,
　　ジュ ヴドレ　アレ　アラ ガール ドゥトキョ
　　mais je ne sais pas comment y aller.
　　メ　ジュヌ セ　パ　コマン　イアレ

西　Quisiera ir a la estación de Tokyo, pero no sé como ir.
　　キシエラ　イル ア ラ エスタシオン デ トキオ　ペロ　ノ　セ コモ　イル

私 ここから歩くと 10 分ぐらいかかります。

英　It's about a 10 minutes' walk from here.
　　イッツ アバウタ　テン ミニッツ　ウォーク フロム　ヒア

仏　C'est environ à dix minutes de marche d'ici.
　　セ　アンヴィロン ア ディ ミヌトゥ　ドゥマルシュ　ディシ

西　Está a 10 minutos caminando desde aquí.
　　エスタ ア ディエス ミヌトス カミナンド　デスデ　アキ

You 道順を教えてください。

英　Can you tell me the way?
　　キャニュー　テル　ミー　ザ　ウェイ

仏　Vous pouvez m'indiquer le chemin?
　　ヴ　プヴェ　マンディケ　ル　シュマン

西　¿Me podría decir cómo llegar hasta allí?
　　メ　ポドリア　デシル　コモ　ジェガル アスタ　アジ

英	……英語
仏	……フランス語
西	……スペイン語

私 説明しづらい場所ですので私と一緒に行きましょう。

英 It's not easy to explain, so I'll go with you.
イッツ ノット イーズィー トゥー エクスプレイン ソウ アイル ゴウ ウィ(ズ) ユー

仏 C'est dur à expliquer, mais je peux vous y accompagner si vous voulez.
セ デューラ エクスプリケ メ ジュ プ ヴ ジ アコンパニエ シ ヴ ヴレ

西 Es un poco difícil de explicar, así que yo le(a) llevo hasta allí. ※
エス ウン ポコ ディフィシル デ エクスプリカル アシ ケ ジョ レ(ラ) ジェボ アスタ アジ

※相手が男性の場合は "le (レ)"、相手が女性の場合は "la (ラ)"
と発音します。

（無事、目的地に到着しました）

私 着きましたよ。ここが東京駅です。

英 Here we are. This is Tokyo Station.
ヒア ウィー アー (ディ)ス イズ トウキョウ ステイション

仏 Nous sommes arrivé(e)s. C'est la gare de Tokyo. ※
ヌ ソム ザリヴェ セ ラ ガール ドゥ トキョ

西 Hemos llegado. Ésta es la estación de Tokyo.
エモス ジェガド エスタ エス ラ エスタシオン デ トキオ

※相手が全員女性の場合は "arrivees"、男性が一人でもいたら
"arrives" と書きます。発音は変わりません。

☞ここでもう一言。

この一言でさらに広がる会話を楽しみましょう。

私 どちらからいらっしゃったのですか？

英 Where are you from?
ウェア アー ユー フロム

仏 D'où est-ce que vous venez?
ドゥ エス ク ヴ ヴネ

西 ¿De dónde es usted?
デ ドンデ エス ウステ

Essay

長母音と二重母音

　外来語を日本語のカタカナで表すときは、文部科学省のカタカナ表記規定に従わないといけないことになっています。例えば○語を母国語とするという意味をあらわす"native"という英語に対するカタカナは決まりに従い、「ネーティブ」と書かなくてはなりません。お料理などの main dish は、「メーン」などと書かれてしまいます。つまり、本来は二重母音のところを、長母音にすりかえられてしまったのです。

　これがとても耳に障ります。Vの発音がもともと日本語にはないので「ブ」になってしまうのは仕方がないとしても、本来は「ネイティヴ」であるべき発音が「ネーティブ」と表記されると、まるで別モノとなってしまうように感じます。おなじく、「メーン」と聞くと、伸びきった麺を連想してしまいます。

　もっとも身近な例としては、ネームカードなどがありますね。本当は、ネームではなくて、ネイムと表示したいところです。そのほうが外国の方には通じやすいのです。

　文部科学省におかれましては、このような不適切なカタカナ表記を改め、本物の発音に限りなく近い表記にしていただきたいものです。そうしないと子供たちの英語習得の上で支障になりますよ！

Chapter 1 *Can I help you?* から始まる会話
道案内 2　柔道会場への行き方

（路上で困っています）

私 何かお困りですか？

英 Can I help you?
キャナイ　ヘルプ　ユー

仏 Est-ce que je peux vous aider?
エス　ク　ジュプ　ヴ　ゼデ

西 ¿Le puedo ayudar en algo?
レ　プエド　アユダル　エン アルゴ

You 柔道の会場に行きたいのです。

英 I want to go to the stadium
アイ ウォントゥー ゴウ トゥー ザ ステイディアム

where they have Judo games.
ウェア　ゼイ　ハヴ　ジュウドウ ゲイムズ

仏 Je voudrais aller au site des épreuves de judo.
ジェ ヴドレ　アレ　オ　シートゥ デ ゼプルーヴ　ドゥ ジュド

西 Quisiera ir a ver el torneo de Judo.
キシエラ　イル ア ベル エル トルネオ デ　ユド

私 柔道が行われる日本武道館の最寄駅は九段下駅です。

英 Judo matches are held at Nippon Budoukan,
ジュウドウ マッチズ　アー　ヘルド アット ニッポン　ブドウカン

and the nearest Station to it is Kudanshita.
アンド　ザ　ニアレスト ステイション トゥー イット イズ クダンシタ

仏 Il faut que vous alliez à la station de métro Kudanshita. C'est la
イル フォク　ヴ ザリエ　ア ラ スタシオン ドゥ メトロ　クダンシタ　セ　ラ

plus proche du Nippon Budokan où ont lieu les épreuves de judo.
プル プローシュ デュ ニッポン　ブドカン　ウ オン リュ レ ゼプルーヴ ドゥ ジュド

西 Los torneos de Judo se llevarán a cabo en el Nippon Budokan.
ロス　トルネオス　デ　ユド　セ　ジェバラン　ア カボ　エン エル ニポン　ブドカン

La estación de trenes más cercana es la estación Kudanshita.
ラ　エスタシオン デ トレネス　マス　セルカナ　エス ラ エスタシオン クダンシタ

17

私 2つ目の信号を右に曲がって、そこから3つ目の信号を左に曲がってください。

英 Turn right at the second traffic signal and go straight
ターン　ライト　アット ザ　セカンド トゥラフィックスィグナル アンド ゴウ ストゥレイト

ahead. Then turn left at the third signal from there.
アヘッド　ゼン　ターン　レフト アット ザ　サード スィグナル フロム　ゼァ

仏 Tournez à droite au deuxième feu,
テゥルネ　ア ドロワット オ ドゥジエム　フ

puis tournez à gauche au troisième feu.
プイ テゥルネ　ア ゴーシュ　オ トルワジエム　フ

西 Doble a la derecha en el segundo semáforo,
ドブレ　ア ラ デレチャ　エン エル セグンド　セマフォロ

y después doble a la izquierda en el tercer semáforo.
イ デスプエス ドブレ　ア ラ イスキエルダ　エン エル テルセル セマフォロ

私 あそこに見えるコンビニエンスストアの角を曲がるとすぐ会場が見えます。

英 Turn the corner by that convenience store over there,
ターン　ザ　コーナー　バイ ザット コンヴィニエンス　ストア　オウヴァー ゼァ

and you'll see the Budoukan building.
アンド ユール　スィー ザ　ブドウカン　ビルディング

仏 De là vous verrez une supérette.
ドゥ ラ ヴ　ヴェレ　ウヌ スペレットゥ

Tournez à l'angle de celle-ci et vous verrez le Nippon Budokan.
テゥルネ　ア ラングル　ドゥ セルシー　エ ヴ　ヴュレ　ル ニッポン　ブドカン

西 Después de doblar la esquina de la tienda de conveniencia,
デスプエス　デ ドブラル ラ エスキナ　デ ラ ティエンダ デ コンベニエンシア

podrá ver el estadio.
ポドラ　ベル エル エスタディオ

私 線路伝いに歩いていけば駅があり、その駅のすぐ近くに会場があります。

英 Walk beside the railway, and you'll come to the station.
ウォーク ビサイド ザ レイルウェイ アンド ユール カム トゥー ザ ステイション
The stadium is right near the station.
ザ ステイディアム イズ ライト ニア ザ ステイション

仏 Si vous longer la voie ferrée,
シ ヴ ロンジェ ラ ヴワ フェレー
vous tomberez sur la station juste à côté du Nippon Budokan.
ヴ トンブレ スール ラ スタシオン ジュスタ コテ デュ ニッポン ブドカン

西 Si sigue el camino encontrará una estación de trenes,
シ シゲ エル カミノ エンコントララ ウナ エスタシオン デ トレネス
y el local se encuentra cerca de la estación.
イ エル ロカル セ エンクエントラ セルカ デ ラ エスタシオン

☞ここでもう一言。

案内する道の途中に案内表示板がある場合。

私 この坂を上って行けば、案内表示板がありますよ。

英 Go up this hill, and you'll find a guide board.
ゴウ アップ ディス ヒル アンド ユール ファインダ ガイド ボード

仏 Il y a plan juste en haut de la côte.
イリヤ アン プラン ジュスタン オ ドゥ ラ コートゥ

西 Al subir la cuesta, podrá ver señales que le indicarán el camino.
アル スビル ラ クエスタ ポドラ ベル セニャレス ケ レ インディカラン エル カミノ

19

Essay

"Can I Help You?" と "May I Help You?"

　路上で外国人旅行者が案内図を片手にキョロキョロしていたら、外国語の心得のある人が近寄って行って、「何かお困りですか？」と話しかけるととても喜ばれること請け合いです。

　そのとき最初に話しかけるフレーズは："Can I Help You?"（何かお手伝いできることありますか？）
　すると相手はニッコリして、"Yes, please."となります。

　しかしお店などにご来店のお客様に対しては、多くの場合"May I help you?"のほうがより丁寧な訊き方になります。
　何かございましたら、ご遠慮なくおっしゃってください、という雰囲気です。

　どちらを使うのがより適切なのか知りたくて、アメリカ人の翻訳者に訊いてみました。「ねえジェレミーさん、路上で道がわからなくて困っているらしい外国人に話しかけるときには、"May I help you?"と"Can I help you?"のどっちがいいですか」
　するとジェレミーさんの答はなんと、「僕だったら、Are you lost? と訊くよ」ですって！　日本人だったらいきなり、「道に迷ってるんですか？」と訊くのは唐突な気がしますが・・・。

Chapter 1 *Can I help you?* から始まる会話
道案内 3　オリンピックスタジアムへの行き方

（路上で困っています）

私 何かお困りですか？

英　Can I help you?
　　キャナイ　ヘルプ　ユー

仏　Est-ce que je peux vous aider?
　　エス　ク　ジュプ　ヴ　ゼデ

西　¿Le puedo ayudar en algo?
　　レ　プエド　アユダル　エン アルゴ

You 歩いてオリンピックスタジアムに行きたいのです。

英　I'd like to walk to the Olympic Stadium.
　　アィドライクトゥーウォークトゥーズィ オリンピック ステイディアム

仏　Je voudrais aller au stade olympique à pied.
　　ジュ ヴドレ　アレ　オ　スタードランピック　ア ピエ

西　Quisiera ir al estadio olimpico caminando.
　　キシエラ　イルアル エスタディオ オリンピコ　カミナンド

私 地図は持っていますか？

英　Do you have a map?
　　ドゥー ユー　ハヴァ　マップ

仏　Est-ce que vous avez un plan?
　　エス　ク　ヴ ザヴェ　アン プラン

西　¿Tiene un mapa?
　　ティエネ　ウン マパ

You いま居るこの場所もわからないので、教えてください。

英　I'm not sure where I am now.
　　アイム ノット シュア ウェア　アイアム ナウ
　　Can you show me where I am?
　　キャニュー　ショウ　ミー　ウェア　アイアム

仏　Est-ce que vous pouvez m'indiquer où on est
　　エス　ク　ヴ　プヴェ　マンディケ　ウ オンネ
　　maintenant? Parce que je ne sais pas.
　　マントゥナン　　パルス　ク　ジュヌセ　パ

西　¿También me podría decir dónde estamos ahora?
　　タンビエン　メ　ポドリア　デシル　ドンデ　エスタモス　アオラ

（地図を指さしながら）

私 いま居るのはここで、オリンピックスタジアムはここです。

英 This is where we are now, and this is the Olympic Stadium.
ディス イズ ウェア　ウィー アー ナウ　アンド ディス イズ ズィ オリムピック ステイディアム

仏 On est ici, et le stade olympique est là.
オンネ イシ　エル スタードランピック　エ ラ

西 Estamos aquí, y el estadio olímpico está allí.
エスタモス　アキ　イエル エスタディオ オリンピコ エスタ アジ

（地図で道順を説明します）

私 この道順で行くとわかりやすいですよ。

英 This is the easiest route to get there.
ディス イズ ズィ イーズィエスト ルート トゥー ゲッ ゼア

仏 Si vous y allez par là, c'est facile à trouver.
シ ヴ ジ アレ　パールラ セ　ファシラ トルヴェ

西 Le será muy fácil si sigue esta dirección
レ　セラ　ムイ　ファシル シ シゲ　エスタ ディレクシオン

☞ **ここでもう一言。**

この一言でさらに広がる会話を楽しみましょう。

私 簡単な地図を描きますよ。

英 I'll draw a rough map for you.
アイル ドゥロウ ア ラフ　マップ　フォー ユー

仏 Je vais vous dessiner un plan.
ジュ ヴェ　ヴ　デシネ　アン プラン

西 Le puedo hacer un mapa muy sencillo.
レ　プエド　アセル　ウン マパ　ムイ センシジョ

Essay

もしも外国人に道を訊かれたら？

　外国語ができない人であれば、とっさにその場を離れたくなるかもしれません。しかし、最低限の対応でも相手にとっては嬉しい場合もあるでしょう。最低限の対応について、次のようなアイディアはいかがですか？

外国人の方：Exscuse me.（ちょっと、すみませんが）
私：大急ぎで逃げる、ではなくて、English?（英語ですよね）と返す。
外国人の方：Yes, do you speak English?（そうです。英語話せますか？）
私：No. But wait.（ダメなんです。でもちょっとまって）周りをみまわし、「すみませーん、どなたか英語わかる方いらっしゃいませんか？」
　大きな声をだすのは恥ずかしいが、この際頑張ってみましょう。
　残念ながらだれも反応しない場合は、
私：Sorry.（すみませんね）
　　Go to police station.（警察署に行ってみては）というと命令調になってしまうので、こんなときに便利な言い方が、
　　Why don't you go to the police station?（ポリスにいくのがいいのでは？）

　以上、最低限の対応としておすすめします。これならどなたでもできます。
　その続きで、
外国人の方：Where can I find one ?（どこにあるんでしょうか？）と訊かれたら、
私：Come with me.（案内しますよ）（＊もし時間があったら、です）
　　Over there.（あそこにありますよ、と指差すだけでもＯＫ）

Chapter 1 *Can I help you?* から始まる会話
道案内 4　新宿への行き方

（料金表を前に困っている様子です）

私 何かお困りですか？

英　Can I help you?
　　キャナイ　ヘルプ　ユー

仏　Est-ce que je peux vous aider?
　　エス　ク　ジュ プ　ヴ　ゼデ

西　¿Le puedo ayudar en algo?
　　レ プエド　アユダル エン アルゴ

You 新宿に行きたいのですが料金は幾らですか？

英　I want to go to Shinjuku. How much is the fare?
　　アイ ウォン トゥー ゴウ トゥー シンジュク ハウ　マッチ　イズ ザ フェア

仏　Je voudrais aller à Shinjuku,
　　ジュ ヴドレ　　アレ　ア シンジュク

　　mais je ne sais pas combien ça coûte.
　　メ　ジュ ヌ セ　パ　コンビアン　サ　クートゥ

西　¿Me podría decir cuál es el precio hasta Shinjuku?
　　メ　ポドリア　デシル クアル エス エル プレシオ アスタ　シンジュク

私 新宿までの料金は210円です。

英　It's 210 yen to Shinjuku.
　　イッ トゥー ハンドゥレッド アンド テン イェン トゥー シンジュク

仏　C'est deux cent dix yens jusqu'à Shinjuku.
　　セ　ドゥ　サン　ディ エン ジュスカ　シンジュク

西　El precio hasta Shinjuku es 210 yenes.
　　エル プレシオ アスタ シンジュク エス ドスシエントスディエス ジェネス

私 切符はあの販売機で購入できます。

英　You can buy a ticket at that ticket machine.
　　ユー　キャン バイ　ア チケット アット ザット チケット マシーン

仏　Vous pouvez acheter un ticket avec la machine là-bas.
　　ヴ　　プヴェ　　アシュテ　アンティケ　アヴェック ラ マシーヌ　ラバ

西　Compre el billete en esa máquina.
　　コンプレ　エル ビジェテ エン エサ マキナ

私 私の買い方を見ていてください。

英 I'll show you how to buy it.
アイル ショウ ユー ハウ トゥー バイット

仏 Je vous montre comment on fait pour acheter un ticket.
ジュ ヴ モントル コマン オンフェ プール アシュテ アンティケ

西 Vea cómo compro mi billete.
ベア コモ コンプロ ミ ビジェテ

(硬貨投入口を指さして)

私 まずこの穴に硬貨を入れて下さい。

英 First, insert coins into this slot.
ファースト インサート コインズ イントゥー ディス スロット

仏 D'abord mettez les pièces dans cette fente.
ダボール メテ レ ピエース ダン セットゥ ファントゥ

西 Inserte las monedas en esta abertura.
インセルテ ラス モネダス エン エスタ アベルテゥラ

☞ **ここでもう一言。**

相手方が子ども連れなら

私 子ども料金はこのボタンを押してください。

英 Press this button for a child ticket.
プレス ディス バトゥン フォー ア チャイルド ティケット

仏 Appuyez sur ce bouton pour avoir le prix enfant.
アプイエ スール ス ブトン プール アヴワール ル プリ アンファン

西 Presione este botón para tarifa para niños.
プレシオネ エステ ボトン パラ タリファ パラ ニニョス

Essay

英語を学ぶならまずは"ABC"から

　でもその発音は、残念ながら「エービーシー」ではありません。「エィ ビィ　スィ」と、ちょっと短い間をおきながら発音するのがおすすめです。Cの発音はカタカナで表記するのはどうも無理っぽい。しかし発音はなるべく本物に近いことが望まれます。

　ほかにも、日本語にない発音がいくつもあります。代表格は"th"でしょう。
　"Thank you very much."は誰にも分かる英語のABCのひとつ。カタカナでは「サンキュー」としか書きようがないのですが、本当は「サンキュー」じゃありません。
　「タンキュー」でもない。アッカンベーと舌をだしたら、その戻し際に上下の歯の間で摩擦させながら舌を引っ込めます。引っ込める練習を重ねているうちに、サが複雑化して"Thank you"の「サ」が言えるようになりますよ。

　その発音が言えないうちは、「サンキュー」よりも「タンキュー」のほうが、より英語に似ているかもしれません。

Chapter 1 *Can I help you?* から始まる会話
道案内 5　渋谷への行き方

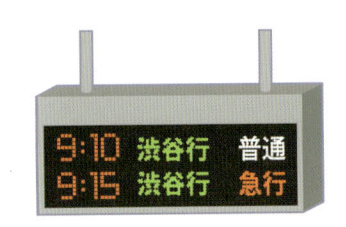

(駅の構内で困っているようです)

私 何かお困りですか？

英 Can I help you?
キャナイ　ヘルプ　ユー

仏 Est-ce que je peux vous aider?
エス　ク　ジュ プ　ヴ　ゼデ

西 ¿Le puedo ayudar en algo?
レ　プエド　アユダル　エン アルゴ

You 渋谷へ行きたいのですが、

どの電車に乗ればいいのかわかりません。

英 I want to go to Shibuya.
アイ ウォントゥー ゴウ トゥー シブヤ

I don't know which train I should take.
アイ ドウント ノウ　ウィッチ トゥレイン アイ シュッド テイク

仏 Je voudrais aller à la gare de Shibuya,
ジュ　ヴドレ　アレ ア ラ　ガール ドゥ シブヤ

mais je ne sais pas quel train prendre.
メ　ジュ ヌ セ　パ　ケール トラン プランドル

西 Quisiera ir a la estación de Shibuya,
キシエラ　イル ア ラ　エスタシオン デ　シブヤ

pero no sé qué tren debo tomar.
ペロ　ノ　セ　ケ　トレン デボ　トマル

27

私 4番線の電車に乗れば渋谷駅に着きますよ。

英 The train that leaves from track 4 will take you to Shibuya.

仏 Prenez le train sur le quai numéro quatre pour aller à Shibuya.

西 Para ir a la estación de Shibuya, tome el tren de la línea 4.

私 3番線の電車でも行けますが、

4番線の電車は急行なので早く到着します。

英 The track 3 train also goes to Shibuya,

but as the track 4 train is an express,

you can get there quicker.

仏 Les trains du quai numéro trois y vont aussi,

mais ceux du quai numéro quatre sont des trains express

et vous arriverez plus vite.

西 El tren de la línea 3 también va hasta allí,

pero el tren de la línea 4 es un tren rápido,

así que llegará antes.

私 渋谷駅はこの駅から5番目の駅です。

英 Shibuya is the fifth stop from here.
シブヤ　イズ　ザ　フィフス　ストップ　フロム　ヒア

仏 La gare de Shibuya est la cinquième gare après celle-ci.
ラ　ガール　ドゥ　シブヤ　エ　ラ　サンキエム　ガール　アプレ　セルシ

西 La estación de Shibuya es la quinta contando desde esta estación.
ラ　エスタシオン　デ　シブヤ　エス　ラ　キンタ　コンタンド　デスデ　エスタ　エスタシオン

私 渋谷駅はこの電車の終点です。

英 Shibuya is the terminal station of this train.
シブヤ　イズ　ザ　ターミナル　ステイション　オブ　ディス　トレイン

仏 La gare de Shibuya est le terminus de ce train.
ラ　ガール　ドゥ　シブヤ　エ　ル　テルミヌス　ドゥ　ス　トラン

西 La estación de Shibuya es la última parada de este tren.
ラ　エスタシオン　デ　シブヤ　エス　ラ　ウルティマ　パラダ　デ　エステ　トレン

☞ **ここでもう一言。**

案内する道の途中に案内表示板がある場合。

私 渋谷へは永田町駅で半蔵門線に乗り換えてください。

英 Change trains at Nagatacho for the Hanzomon Line
チェインジ　トゥレインズ　アット　ナガタチョ　フォー　ザ　ハンゾウモン　ライン
to Shibuya.
トゥー　シブヤ

仏 Vous devez changer à la station Nagatacho et prendre la
ヴ　ドゥヴェ　シャンジェ　ア　ラ　スタシオン　ナガタチョ　エ　プランドル　ラ
ligne Hanzomon pour aller à Shibuya.
リニュ　ハンゾモン　プール　アレア　シブヤ

西 Para Shibuya cambie de tren en la estación de Nagatacho
パラ　シブヤ　カンビエ　デ　トレン　エン　ラ　エスタシオン　デ　ナガタチョ
y tome la línea Hanzomon.
イ　トメ　ラ　リネア　ハンゾモン

29

Essay

おもてなし Part 1

　次のオリンピックに向けて、「おもてなし」が国際的にも認知されることを望んでいますが、ではどうすれば私たちの気持ちが海外からのお客様に伝わるでしょうか？　私にその第一歩として次のような案があります。

〈その1〉
　最近は2階建ての観光バスが都内を走っています。多くの場合、外国人の観光客が乗っていらっしゃいます。この方々に、手を振って、歓迎の意を表すのです。私はすでに実行しています。自分が路上にいるときもあれば、タクシーの窓を開けて手をふることもあります。気がついた人は必ず振り返ってくれますよ。瞬間的なふれあいですが、反応があると嬉しいものです。

〈その2〉
　路上ですれ違う外国人の方々。たいていは旅行者か、居住者かの察しがつくものです。旅行者の方だとわかったら、「東京に来てくださって、ありがとう」("Thank you for visiting Tokyo.")と英語で話しかけます。そうしたら、必ず笑顔を返してくれます。「東京はステキです」("I like Tokyo.")といった返事がきたら、今度は「どこからいらしたのですか？」("Which country are you from?")などと、1分間会話を交わします。とてもよい反応が得られます。

Chapter 1 *Can I help you?* から始まる会話
道案内 6　電車の運行状況

（電車が運休していることに気が付いていないようです）

私　何かお困りですか？

英　Can I help you?
　　キャナイ　ヘルプ　ユー

仏　Est-ce que je peux vous aider?
　　エス　ク　ジュ プ　ヴ　ゼデ

西　¿Le puedo ayudar en algo?
　　レ　プエド　アユダル　エン アルゴ

You　到着時間を過ぎているのに電車が到着しません。

英　The train has not arrived yet. It's late.
　　(ザ) トゥレイン ハズ ノット アラィヴド イエット イッツ レイト

仏　Le train n'arrive pas alors que l'heure indiquée est dépassée.
　　ル　トラン ナリーヴ　パ　アロール ク　ルール　アンディケ　エ　デパセ

西　Ya pasó la hora de llegada y el tren todavía no ha llegado.
　　ヤ　パソ　ラ　オラ　デ ジェガダ　イ エル トレン トダビア ノ　ア　ジェガド

31

私 強風の影響で徐行運転をしていて次の電車は10分遅れています。

英 They are running trains slowly due to strong winds.
ゼイ アー ランニング トゥレインズ スロウリー デュー トゥー ストゥロング ウィンズ
The next train is delayed by 10 minutes.
ザ ネックスト トゥレイン イズ ディレイド バイ テン ミニッツ

仏 Les trains roulent plus lentement à cause de vents violents.
レ トラン ルール プル ラントゥマン ア コーズ ドゥ ヴァン ヴィオラン
Le prochain train aura dix minutes de retard.
ル プロシャン トラン オラ ディ ミヌトゥ ドゥルタール

西 Debido a vientos fuertes, el tren está siendo conducido a
デビド ア ビエントス フエルテス エル トレン エスタ シエンド コンドゥシド ア
baja velocidad y tiene un retraso de 10 minutos.
バハ ベロシダ イ ティエネ ウン レトラソ デ ディエス ミヌトス

私 事故の影響で運休していて、運転再開の目途はついていません。

英 The trains are out of service due to an accident.
ザ トゥレインズ アー アウトヴ サーヴィス デュー トゥー アン アクスィデント
They are not sure when they can start running them again.
ゼイ アー ノット シュア ウェン ゼイ キャン スタート ランニング ゼム アゲイン

仏 Le service est suspendu à cause d'un accident.
ル セルヴィース エ ススパンデゥ ア コーズ ダン アクシダン
On ne sait pas quand il reprendra.
オン ヌ セ パ カンティール ルプランドラ

西 El servicio está paralizado debido a un accidente,
エル セルビシオ エスタ パラリサド デビド ア ウン アクシデンテ
y no se sabe cuándo reiniciarán el servicio.
イ ノ セ サベ クアンド レイニシアラン エル セルビシオ

私 今日は終日、運休するようです。

英 It seems the trains will be out of service all day today.
イット スィームズ ザトゥレインズ ウィル ビ アウトヴ サーヴィス オール デイ トゥデイ

仏 Le service est suspendu pour toute la journée.
ル セルヴィース エス スパンデゥ プール テゥットゥラ ジュルネ

西 Parece que el servicio estará paralizado todo el día de hoy.
パレセ ケ エル セルビシオ エスタラ パラリサド トド エル ディア デ オイ

私 他の交通機関を使ってください。

英 Please use other means of transportation.
プリーズ ユーズ アザー ミーンズ オヴ トゥランスポーテイション

仏 Vous devez utiliser un autre moyen de transport.
ヴ デゥヴェ ウティリゼ アン オトル ムワヤン ドゥ トランスポール

西 Será mejor que use otro medio de transporte.
セラ メホル ケ ウセ オトロ メディオ デ トランスポルテ

☞ **ここでもう一言。**

運転再開を知らせるアナウンスがありました

私 あと5分ほどで運転を再開するようです。

英 They are going to run the trains again in about 5 minutes.
ゼイ アー ゴウイング トゥー ラン ザトゥレインズ アゲイン イン アバウト ファイヴ ミニッツ

仏 Il semble que le service reprendra dans cinq minutes.
イル サンブル ク ル セルヴィース ル ブランドラ ダン サンク ミノトゥ

西 Parece que reiniciarán el servicio en 5 minutos.
パレセ ケ レイニシアラン エル セルビシオ エン シンコ ミヌトス

33

Essay

「お客様」ということば

　日本語で「お客様」という場合、いくつかのケースが想定されます。自宅においでになったお客様だったり、お店にこられたお客様だったり、あるいはオフィスを訪問されたお客様だったりと、いろいろです。

　「お客様」を英語でいうとどうなるでしょうか。

・自宅にお招きしたお客様は、Guest (s)
・オフィスにおいでになったお客様は、Visitor (s)
・お店に入ってきたお客様は、Customer (s)

　というふうに使い分けます。日本語は同じでも英語では違ってくるのです。アメリカで体育館のように大きなスーパーマーケットに入ったときに、"Dear shoppers, welcome to ○○." と言うアナウンスが流れました。なるほど、ショッパーズとも言うんだなあ、と感心したものです。

　本日のあなたのお客様はどのケースに当たりますか？

Chapter 1 *Can I help you?* から始まる会話
道案内 7　道路横断

（横断歩道のない道路で車いすに乗った人が困っています）

私　何かお困りですか？

英　Can I help you?
　　キャナイ　ヘルプ　ユー

仏　Est-ce que je peux vous aider?
　　エス　ク　ジュ プ　ヴ　ゼデ

西　¿Le puedo ayudar en algo?
　　レ　プエド　アユダル　エン アルゴ

You　この道路の反対側に渡りたいのです。

英　I'd like to cross this street.
　　アイド ライクトゥー クロス ディス ストゥリート

仏　Je voudrais traverser cette rue.
　　ジュ ヴドレー　トラヴェルセ セットゥ ルー

西　Quisiera cruzar la calle.
　　キシエラ　クルサル ラ カジェ

35

私 近くに横断歩道はありません。

英 I see no pedestrian crossing nearby.
アイスィー ノウ ペデストゥリアン クロッスィング ニアバイ

仏 Il n'y a pas de passage pour piétons près d'ici.
イルニヤ パ ドゥ パサジュ プール ピエトン プレ ディシ

西 Lo siento, no hay un cruce peatonal cerca de aquí.
ロ シエント ノ アイ ウン クルセ ペアトナル セルカ デ アキ

（指さしながら）

私 あそこに見える歩道橋にはスロープが付いています。

英 That pedestrian bridge over there has a slope.
ザット ペデストゥリアン ブリッジ オウヴァー ゼア ハズ ア スロウプ

仏 La passerelle pour piétons que vous voyez là-bas
ラ パスレール プール ピエトン ク ヴ ヴワイエ ラバ

est munie d'une rampe.
エ ムニ デュヌ ランプ

西 El puente peatonal que ve allí tiene rampa.
エル プエンテ ペアトナル ケ ベ アジ ティエネ ランパ

私 地下通路を通って反対側へ行くことができます。

英 Why don't you use the underpass?
ワイ ドウンチュー ユーズ ズィ アンダーパス

You can get to the other side of the street that way.
ユー キャン ゲットゥー ズィ アザー サイド オヴ ザ ストゥリート ザットウェイ

仏 Vous pouvez emprunter le passage souterrain
ヴ プヴェ アンプランテ ル パサジュ ステラン

pour aller de l'autre côté.
プラレ ドゥ ロートル コテ

西 Puede cruzar la calle utilizando el pasaje subterráneo.
プエデ クルサル ラ カジェ ウティリサンド エル パサヘ スブテラネオ

私 このビルのエレベーターで地下街へ降りられます。

英 The elevator in this building will take you to
ズィ エレヴェイーターイン ディス ビルディング ウィル テイク ユー トゥー
the underground mall.
ズィ アンダーグラウンド モール

仏 Vous pouvez descendre dans les galeries souterraines
ヴ プヴェ デサンドル ダン レ ガルリ ステレーヌ
en utilisant l'ascenseur de cet immeuble.
アン ウティリザン ラサンスール ドゥ セットゥ イムブル

西 Puede bajar a la galería subterránea utilizando
プエデ バハル ア ラ ガレリア スブテラネア ウティリサンド
el ascensor de este edificio.
エル アセンソル デ エステ エディフィシオ

☞ **ここでもう一言。**

危険を知らせる一言

私 この道路を横断するのは危険です。

英 It's dangerous to cross this street.
イッツ デインジャラス トゥー クロス ディス ストゥリート

仏 C'est dangereux de traverser cette rue.
セ ダンジュル ドゥ タラヴェルセ セットゥ ルー

西 Es peligroso cruzar esta calle.
エス ペリグロソ クルサル エスタ カジェ

Essay

おもてなし Part 2

　日本人は礼儀正しい、などのほめ言葉をよく聞きます。その気になってしまうのも当然なのですが、外国の方々が礼儀正しいと思う場面も多々あります。そのひとつが、電車の中や路上でふと体の一部が触れ合ったときです。

　"Excuse me."（すみません）という一言が直ぐに出るのが西欧の方々。しらんぷりでそのまま過ぎるのが日本人。電車の中でもぞもぞ動いて隣の人に肘が触れても、何も言わない人がほとんどです。2020年に向けて、ぜひ一言「すみません」の習慣を付けたいものです。

　もうひとつ追加するなら "Thank you." と軽くお礼をいうクセも身につくと良いと思います。乳母車や自転車のためにちょっと道をあけて待ってあげたときなど、すぐにお礼を言われるとお互いに心がなごむのではないでしょうか。

　2008年の北京オリンピックにむけて準備中の北京の路上で「つば（痰）を吐くな」という標語をしばしば見かけました。国民的キャンペーンは功を奏したと思います。日本でも、「すみません」キャンペーンはいかがでしょうか？

Chapter 1 *Can I help you?* から始まる会話
道案内 8　交番への案内

（路上で困っています）

私 何かお困りですか？

英　Can I help you?
　　キャナイ　ヘルプ　ユー

仏　Est-ce que je peux vous aider?
　　エス　ク　ジュプ　ヴ　ゼデ

西　¿Le puedo ayudar en algo?
　　レ　プエド　アユダル　エン アルゴ

You ここから近い交番はどこにありますか？

英　Where is the nearest police box (*KOBAN*) around here?
　　ウェア　イズ (ザ) ニアレスト　ポリース　ボックス　コウバン　アラウンド　ヒア

仏　Où est le poste de police le plus près d'ici ?
　　ウ　エ　ル　ポスト　ドゥ ポリス　ル プル　プレ　ディシ

西　¿Dónde hay un puesto de policía cerca de aquí?
　　ドンデ　アイ　ウン プエスト　デ　ポリシア　セルカ　デ アキ

私 何か起きたのですか？　警察を呼びましょうか？

英　What happened? Shall I call the police?
　　ワット　ハップンド　シャル アイ コール (ザ) ポリース

仏　Il s'est passé quelque chose ? Vous voulez que j'appelle la police ?
　　イル セ　パセ　ケルク　ショーズ　ヴ　ヴレ　ク　ジャペル　ラ ポリス

西　¿Qué le pasó? ¿Llamo a la policía?
　　ケ　レ パソ　ジャモ　ア ラ ポリシア

You 財布を落としてしまい困っていました。

英　I lost my wallet.
　　アイ ロスト マイ ウォレット

仏　J'ai perdu mon portefeuille.
　　ジェ　ペルデュ　モン　ポルトゥフーイユ

西　He perdido mi cartera.
　　エ　ペルディド　ミ　カルテラ

39

私 この通りをまっすぐ進んで2つ目の交差点に交番があります。

英 Go straight along this street and you'll find a
ゴウ ストゥレイト アロング ディス ストゥリート アンド ユール ファインダ

police box (*KOBAN*) at the second crossing.
ポリース ボックス コウバン アット ザ セカンド クロッスィング

仏 Continuez tout droit dans cette rue et vous trouverez un poste
コンティヌエ テゥー ドルワ ダン セットゥ ルー エ ヴ トルヴレ アン ポスト

de police au deuxième carrefour.
ドゥ ポリス オ ドゥジエム カルフール

西 Vaya recto por este camino y encontrará un puesto
バヤ レクト ポル エステ カミノ イ エンコントララ ウン プエスト

de policía en el segundo cruce.
デ ポリシア エン エル セグンド クルセ

私 ここから200メートル先です。

英 It's 200 meters ahead.
イッツ トゥー ハンドゥレッド ミーターズ アヘッド

仏 C'est à deux cents mètres d'ici.
セア ドゥ サン メトル ディシ

西 Está a 200 metros de aquí.
エスタ ア ドスシエントス メトロス デ アキ

☞ **ここでもう一言。**

この一言でさらに広がる会話を楽しみましょう。

私 すぐにわかりますよ。

英 You can't miss it.
ユー キャント ミスィット

仏 C'est facile à trouver.
セ ファシラ トルヴェ

西 Lo encontrará en seguida.
ロ エンコントララ エン セギダ

Essay

1964年東京オリンピック昔話

　「世界中の青空を全部東京に持ってきてしまったような、素晴らしい秋日和でございます」とのNHKアナウンサーの言葉が語り草になっているとおり、1964年10月10日の東京オリンピック開会式はこれ以上ないような好天に恵まれました。

　制服は白のブレードで縁取られた黒のブレザーにグレーのスカート。白いブラウスの首元にえんじ色のペイズリー模様のアスコットタイを巻き、胸には日の丸のワッペンと"English"の文字をかたどったバッジを付けて、ちょっぴり晴れがましい気持ちでオリンピック通訳の初日を迎えたことを思い出します。

　最初に配属されたのは代々木の国立競技場の外にある案内所でした。最初のお客様はオーストラリア人のご夫妻。ご存じかと思いますが、オーストラリア英語は、Aをエイではなくアイと発音するなど、私たちが馴染んでいる英語やアメリカ英語とは異なっています（例えば、dayはデイではなくダイ、nameはネイムではなくナイム）。そんな訛りに苦労したり、インド人の早口のインド英語についていけなくて聞き返したりと、緊張の連続でした。

　やがて開会式の時間が近づくと、案内ブースの年長の方たちが「若い人たちは折角だから開会式を見ておいで」とご親切にも学生だった私たちを会場に送り込んでくださいました。何万人もの興奮した観客で埋め尽くされた華やかな国立競技場。

上の通路から見下ろしたその光景は生涯忘れられません。そして、通路で賑やかに繰り広げられていたのはバッジの交換でした。帽子に胸に何十ものバッジをつけ、手持ちのバッジと他の人のバッジとの物々交換。必要な言葉はただ一言、"Change?!"それだけで OK です。バッジなど持っていなかった私に「あげるよ」と下さる方もあって、わらしべ長者よろしくそれを元手に私も"change"をして、いくつかのバッジを手に入れました。アメリカ、ソ連、オランダなどのバッジが今も大切にとってあります。

　次に配属されたのは横浜文化体育館。ここは当時大変な花形競技だったバレーボールの会場でした。「東洋の魔女」として一世を風靡した女子バレーの選手たちと「鬼の」大松監督。通訳業務よりも、そんなアスリートを間近で見たことの方がずっと記憶に鮮明です。

　2020 年の東京オリンピックは 7 月下旬から 8 月上旬にかけて開催されます。暑い盛りですが、できる限りの手立てを講じて選手たちにとっても応援する人々にとっても良い環境を作って、気持ちよく競技し、応援できるようにし、また外国の方々には日本での滞在を楽しみ、良い思い出を持って帰国していただけたらと思います。
　このオリンピックを世界への窓をより大きく開き、自国をもっと良く知る機会として活かしていけたなら、2020 年オリンピックが大きな意義のあるものとなるのではないでしょうか。

中島百合子

Chapter 1 *Can I help you?* から始まる会話
道案内 9　銀座へのタクシー

(路上で困っています)

私 何かお困りですか？

英 Can I help you?
キャナイ　ヘルプ　ユー

仏 Est-ce que je peux vous aider?
エス　ク　ジュプ　ヴ　ゼデ

西 ¿Le puedo ayudar en algo?
レ　プエド　アユダル　エン アルゴ

You ここから銀座までタクシーを使うと、どのくらい時間がかかりますか？

英 How long does it take to go to Ginza by taxi?
ハウ　ロング　ダズィット テイク トゥー ゴウ トゥー ギンザ バイ タクスィ

仏 Il faut combien de temps environ pour aller d'ici à Ginza en taxi?
イル フォ コンビアン　ドゥ タン　アンヴィロン プール アレ ディシ ア ギンザ　アン タクシ

西 ¿Cuánto se tarda en llegar a Ginza desde aquí en taxi?
クアント　セ　タルダ エン ジェガル ア ギンザ　デスデ　アキ エン タクシ

私 ここからタクシーで 30 分かかります。

英 It takes 30 minutes from here by taxi.
イッテイクス サーティー ミニッツ フロム　ヒア　バイ タクスィ

仏 D'ici trente minutes environ.
ディシ トラントゥ ミヌトゥ　アンヴィロン

西 Desde aquí se tarda 30 minutos en taxi.
デスデ　アキ　セ　タルダ トレインタ ミヌトス エン タクシ

43

私 今日は週末で道路が混んでいるので、

30分以上かかるかもしれません。

英 It may take more than 30 minutes today
because of the weekend traffic jam.

仏 Comme c'est le week-end aujourd'hui et que ça roule mal,
ça prendra peut-être plus de trente minutes.

西 Como hoy es fin de semana y las calles están
congestionadas, tal vez se tarde más de 30 minutos.

You あと30分で着かないと待ち合わせに間に合わないです。

英 I have to be there in 30 minutes or else
I'll be late for my appointment.

仏 Il faut que j'arrive dans trente minutes
sinon je serai en retard pour mon rendez-vous.

西 Si no llego en 30 minutos,
voy a llegar tarde a una cita.

私 ここから銀座へなら、地下鉄を使うのがいいでしょう。

20分で着きますよ。

英 You'd better take the subway to Ginza.
ユード　ベター　テイク　ザ　サブウェイ　トゥー ギンザ

It takes only 20 minutes that way.
イッテイクス オウンリー トゥウエンティー ミニッツ ザット ウェイ

仏 D'ici c'est mieux d'aller à Ginza en métro.
ディシ　セ　ミウ　ダレ　ア ギンザ アン メトロ

Ça prend vingt minutes.
サ ブラン　ヴァン ミヌトゥ

西 Si se dirige a Ginza, ¿qué le parece si usa el metro?
シ セ ディリヘア ギンザ　ケ　レ パレセ　シ ウサ エル メトロ

Llegaría en 20 minutos.
ジェガリア　エン ベインテ ミヌトス

☞ **ここでもう一言。**

タイムリミットを確認しましょう。

私 何時までに着かなければいけないのですか？

英 By what time do you have to be there?
バイ　ワット　タイム　ドゥー ユー　ハヴ　トゥー ビ　ゼア

仏 À quelle heure vous devez arriver ?
ア　ケルール　ヴ　デヴェ　アリヴェ

西 ¿A qué hora tiene que estar allí?
ア ケ　オラ　ティエネ ケ　エスタル アジ

Essay

1964年東京パラリンピック昔話

　1964年東京オリ・パラの開かれた10月は、美しい晴天に恵まれました。お天気だけはいくら国威をかけてもどうにもなりません。期間中、小雨程度は降りましたが、本当にラッキーでした。晴れ渡る代々木の選手村に翻るカラフルな万国旗は忘れることができません。万一雨が降ったら、車椅子の障がい者の方々はますます行動が制限され、競技にも支障が出たかもしれません。

　パラリンピックには、多くの学生ボランティアたちがヘルプにかけつけました。今ならシルバーエイジの方々もボランティアとして大勢来てくださることでしょう。しかし当時はボランティアという言葉すら、ほとんど知られていませんでした。初めて聞いたとき、Bで始まる単語だと思ったのですが、実はVolunteerでした。私たち学生通訳たちに加え、競技場でのお手伝い、障がい者の輸送係を買って出た大学のモータークラブの学生さんたち、インタナショナルクラブに出演してくださった各大学のハワイアンバンド、グリークラブ、ジャズバンド、オーケストラなどなど、です。モータークラブの学生さんたちは自家用車持ち込みで、空港と代々木選手村の間をピストン輸送。慣れない車椅子の上げ下ろし、選手の抱きかかえなどに、無我夢中だったそうです。

　こうして多くのボランティアたちが、最小限の予算しか確保していなかった政府を陰ながらお助けしたわけでした。オリンピックを大成功に終らせたい一心で前半に多くの予算をつぎ込んだ結果、パラリンピックには少ししか残されていなかったのです。次なる2020

年には、パラリンピックにもしっかりとお金をかけていただきたいものですね。

　オリンピックが終った代々木の選手村では、まもなく始まるパラリンピックのために、多様な工事が進められました。今で言う『バリアフリー』に近づけるべく、前例のない試みを突貫工事で行ったのです。随所にスロープを設け、車椅子で通過できるように出入り口の幅をひろげ、トイレを使いやすくするなど、関係者は汗みどろの努力を重ねて、ようやくパラリンピックの開会にこぎつけたのでした。

　現在、車椅子の方々が特殊に改造された自前の車でスイスイとどこへでも出かけてゆかれる姿をみると、まさに隔世の感ありです。多目的トイレもたくさんできました。障がいのある方々の自由がより広がることを願っております。
　ちなみにパラリンピックは、パラプレージック（半身不随）＋オリンピックの合成語だそうです。

Chapter 1 *Can I help you?* から始まる会話
道案内 10　病院

（体調が悪いようです）

私 何かお困りですか？

英　Can I help you?
　　キャナイ　ヘルプ　ユー

仏　Est-ce que je peux vous aider?
　　エス　ク　ジュプ　ヴ　ゼデ

西　¿Le puedo ayudar en algo?
　　レ　プエド　アユダル　エン アルゴ

You 頭痛が酷くて、熱もあるようです。

近くに病院はありますか？

英　I have a terrible headache and seem to have a fever, too. Is there a hospital nearby?
　　アイ ハヴァ　テリブル　ヘッデイク アンド スィーム トゥー ハヴァ フィーヴァー
　　トゥー イズ ゼアラ　ホスピタル　ニアバイ

仏　J'ai très mal à la tête et je crois que j'ai de la fièvre. Est-ce qu'il y a un hôpital près d'ici?
　　ジェ トレ　マル　アラ　テットゥ エ ジュ クルワク　ジェ　ドゥラ フィエーヴル
　　エス　ク　イリヤ　アン オピタル　プレ　ディシ

西　Me duele mucho la cabeza y parece que tengo fiebre. ¿Hay un hospital cerca de aquí?
　　メ　ドゥエレ ムチョ　ラ カベサ イ パレセ　ケ　テンゴ フィエブレ
　　アイ　ウン オスピタル　セルカ デ　アキ

私 病院へはこの横断歩道を渡って右に行ってください。

英　Cross this pedestrian crossing and go right. Then you'll find a hospital.
　　クロス　ディス ペデストゥリアン　クロッスィング アンド ゴウ ライト
　　ゼン　ユール　ファインダ ホスピタル

仏　Pour aller à l'hôpital, traversez ce passage pour piétons et continuez à droite.
　　プール　アレ　ア ロピタル　トラヴェルセ ス　パサージュ　プール
　　ピエトン　エ　コンティヌエ　ア ドルワット

西　Para ir al hospital cruce el paso peatonal y siga a la derecha.
　　パラ イル アル オスピタル　クルセ エル　パソ　ペアトナル　イシガ　アラ デレチャ

私 次の角を左に曲がったところに病院があります。

英 Turn left at the next corner and the hospital is right there.
ターン レフト アット (ザ) ネックスト コーナー アンド (ザ) ホスピタル イズ ライト (ゼ)ア

仏 Tournez à gauche au prochain tournant et vous
テゥルネ ア ゴーシュ オ プロシャン テゥルナン エ ヴ

arriverez à l'hôpital.
アリヴレ ア ロピタル

西 El hospital se encuentra doblando la siguiente
エル オスピタル セ エンクエントラ ドブランド ラ シギエンテ

esquina a la izquierda.
エスキナ ア ラ イスキエルダ

私 銀行の隣です。

英 It's next to the bank.
イッツ ネックストゥー (ザ)バンク

仏 C'est à côté de la banque.
セ アコテ ドゥラ バンク

西 Está al lado del banco.
エスタ アル ラド デル バンコ

私 ここから 2 分ほどです。病院まで付き添いますよ。

英 It's only 2 minutes from here. I'll go with you.
イッツ オウンリー トゥー ミニッツ フロム ヒア アイル ゴウ ウィ (ズ) ユー

仏 C'est à deux minutes d'ici.
セ ア ドゥ ミヌトゥ ディシ

Je vous accompagne jusqu'à l'hôpital.
ジュ ヴ アコンパーニュ ジュスカ ロピタル

西 Está a 2 minutos de aquí.
エスタ ア ドス ミヌトス デ アキ

Le acompaño hasta el hospital.
レ アコンパニョ アスタ エル オスピタル

49

> ☞ ここでもう一言。

体調を気遣う一言

私 お大事に。

英 Take care of yourself.
テイク　ケア　オヴ　ユアセルフ

仏 Prenez soin de vous.
プルネ　スワン ドゥ ヴ

西 Espero que se mejore.
エスペロ　ケ　セ　メホレ

Essay

ボランティアの笑顔はひまわり

　2020年東京オリ・パラでは、前回とは比較にならないほどの政府予算が組まれ、企業も多くの協賛金を拠出するものと予想されます。そして、世界各国と成功度を競うことになるでしょう。ただ、仮に資金が十分あったとしても、やはりボランティアの参加は不可欠だと思います。ボランティアという無償の行為なしでは成功しない、いうのは言いすぎでしょうか。

　最近はどの開催国でも、多くのボランティアがオリンピックを支えています。

　一番の値打ちは、その笑顔ではないでしょうか。お金をいただかないのに、なぜか温かい笑顔があふれてひまわりの畑みたいになります。それで皆が嬉しくなって笑顔が伝染します。

Their smiles are contagious!

なかなか機会がなくて・・・とおっしゃる方も、電車の中で席をゆずるなどの瞬間、ボランティアをなさっています。白い杖を持った方に思わず道案内をしたり、人の落し物を拾って届けたりと、考えてみると日常生活でさまざまなボランティア活動をしているものです。オリンピックやパラリンピックが日本にやってくることをきっかけに、いろいろなボランティア活動に興味を持ちませんか。私が最初にパラリンピックの通訳候補として日本赤十字社の青少年課・橋本祐子課長にお会いしてまもなく、「あなた、今度の週末に施設に入っている子供たちのお世話に行ってくれない？」と訊かれました。いきなりでしたし、通訳以外の奉仕活動には興味がありませんでした。困っていると橋本課長は、「迷っているってことは、やりたくないってことでしょ?!」と私を突っぱねました。それが人生の岐路になろうとは！

　『ハイ、やります！』

　それから、さまざまなボランティア活動に精を出しました。タイの青少年赤十字から日本にやってきた高校生を自宅にホームステイで受け入れたのもそのひとつです。以来、その Usanee とは、姉妹のように仲良くしてきました。ホームステイから50年後の昨年も、彼女は家族連れで遊びに来ました。私もバンコックに出張したついでに彼女の家に泊まります。世界遺産の白川郷を見たい、というので、一緒に旅行にも行きました。橋本課長の鶴の一声がなかったら、私の人生は薄っぺらいものになっていたかもしれません。

　ところで、橋本先生は私だけを狙い撃ちされたのではなかったのです。赤十字語学奉仕団には、先生の一言で目覚めた人たちがたくさんいて、その若者たちが50年前のパラリンピックを成功させたといっても過言ではないでしょう。

chapter 1 *Can I help you?* から始まる会話
道案内 11 バスの乗り方

（バス停で困っています）

私 何かお困りですか？

英 Can I help you?

仏 Est-ce que je peux vous aider?

西 ¿Le puedo ayudar en algo?

You このバスの乗り方を教えてもらえませんか？

英 Can you tell me how I should get on this bus?

仏 Pouvez-vous m'expliquer comment on prend le bus ici?

西 ¿Me podría decir cómo tomar el autobús?

私 このバスは前のドアから乗車します。運賃は均一で先払いです。

英 You get on from the front door.
It's a flat fare system and you pay as you get on.

仏 On monte par la porte de devant. On paye le prix fixe à l'avance.

西 Suba por la puerta delantera del autobús.
Pague por adelantado la tarifa única.

私 降車する際は後ろのドアから降ります。

英 When you get off, you get off from the back door.
ウェン　ユー　ゲット オフ　ユー　ゲット オフ フロム　ザ　バック　ドア

仏 On descend par la porte arrière.
オン デシャン　パール ラ ポールトゥ アリエール

西 A la hora de bajar utilice la puerta trasera.
ア ラ オラ　デ　バハル　ウティリセラ プエルタ　トラセラ

私 ほとんどの交通機関で使える

IC カードを買うのがいいと思いますよ。

英 It'll be better to buy an IC card.
イットゥルビ ベター　トゥ バイ　アン アイシィー カード

You can use it on nearly all public transport.
ユー　キャン ユーズィット オン ニアリー オール パブリック トゥランスポート

仏 C'est pratique d'acheter une carte à puce qui peut être
セ　プラティック ダシュテ　ウヌ カルトゥ ア プース キ　プ　エトル

utilisée dans presque tous les transports.
ウティリゼ　ダン　プレスク　テュー レ　トランスポール

西 Yo le recomendaría que compre la tarjeta IC porque puede
ジョ レ レコメンダリア　ケ コンプレ　ラ タルヘタ イセ ポルケ　プエデ

utilizarla en casi todos los medios de transporte.
ウティサルラ エン カシ　トドス　ロス メディオス デ トランスポルテ

53

私 ICカードはバスの車内や駅の切符売り場で買えます。

英 You can buy an IC card on the bus
ユー　キャン バイ　アン アイシィー カード オン (ザ)バス

or at the station ticket machine.
オア アット (ザ)ステイション ティケット マシーン

仏 Vous pouvez acheter une carte à puce dans le bus ou avec
ヴ　　プヴェ　　アシュテ　ウヌ カルト ア プース　ダン　　ル ブス　ウ アヴェック

les machines qui vendent les tickets dans les stations et le gares.
レ　マシーヌ　　キ　ヴァンド　　レ　ティケ　ダン　レ　スタシオン エ レ ガール

西 Puede comprar la tarjeta IC en los autobuses o las ventanillas
プエデ　　　コンプラル　　ラ タルヘタ イセ エン ロス アウトブセス　オ ラス ベンタニジャス

de las estaciones de trenes.
デ　ラス エスタシオネス デ　トレネス

☞ ここでもう一言。

運賃のシステムが違うバスもあります。

私 運賃が変動する後払いのバスもあります。

英 Some buses charge you according to the distance
サム　　バスィズ　チャージ　ユー　　アコーディング トゥー (ザ) ディスタンス

you ride. In that case, you pay when you get off.
ユー　ライド　イン (ザ)ット ケイス　　ユー　ペイ　ウェン　ユー　ゲットフ

仏 Dans certains bus, on paye le prix du trajet qui peut
ダン　セルタン　　ブス　オン ペーユ ル　プリ　デュトラジェ キ　プ

varier lorsque l'on descend.
ヴァリエ ロルスク　　　オン デサン

西 Hay autobuses que cobran por distancia y se pagan
アイ　アウトブセス　　ケ　　コブラン　　ポル ディスタンシア イ セ パガン

a la hora de bajar.
ア ラ オラ　デ　バハル

Essay
あるとき席を譲られました

　アメリカ人と思しきアフリカ系の若い男性が、私を見て立ち上がってくれました。
「ご親切、ありがとうございます」
　と言って座らせていただいたところ、前に立っていた日本人の若い男性がこう言いました。
「シーセッド　サンキュー」
そしてもう一言、
「シーセッド　ユーアー　カインド」（"She said you are kind"）
　するとアメリカ人は
「イヤア（"Yes"）、ビコーズ　シーイズ　オールド!!!」 どうせ英語が分からないと思ってるな。私はうつむいて噴出しそうになってしまったのでした。

chapter 1 *Can I help you?* から始まる会話
道案内 12　聞き直す

（路上で困っています）

私 何かお困りですか？

英 Can I help you?
　　キャナイ　ヘルプ　ユー

仏 Est-ce que je peux vous aider?
　　エス　ク　ジュプ　ヴ　ゼデ

西 ¿Le puedo ayudar en algo?
　　レ　プエド　アユダル　エン　アルゴ

You この近くで日本の伝統的な着物を体験できる施設はありませんか？

英 Do you know some place around here where I can try Japanese *kimono* on?
　　ドゥー　ユー　ノウ　サム　プレイス　アラウンド　ヒア　ウェア　アイ　キャントゥライ　ジャパニーズ　キモノ　オン

仏 Est-ce qu'il y a un magasin où on peut essayer des kimonos traditionnels japonais près d'ici ?
　　エス　ク　イリヤ　アン　マガザン　ウ　オンプ　エセイヤ　デ　キモノ　トラディシオネル　プレ　ディシ

西 ¿Hay algún sitio cerca de aquí donde pueda vestir un kimono tradicional japonés?
　　アイ　アルグン　シティオ　セルカ　デ　アキ　ドンデ　プエダ　ベスティル　ウン　キモノ　トラディシオナル　ハポネス

私 すみません、聞き取れませんでした。

英 Pardon me. I couldn't understand what you said.
パードゥン　ミー　アイクドゥント　アンダースタンド　ワッチュー　セッド

仏 Pardon, je n'ai pas compris ce que vous avez dit.
パルドン　ジュネ　パ　コンプリ　ス　ク　ヴ　ザヴェ　ディ

西 Lo siento, no le he entendido.
ロ　シエント　ノ　レ　エ　エンテンディド

私 もう一度ゆっくりしゃべってもらえますか。

英 Please say it again slowly.
プリーズ　セイット　アゲイン　スロウリー

仏 Vous pouvez répéter plus lentement, s'il vous plaît?
ヴ　プヴェ　レペテ　プル　ラントゥマン　シル　ヴ　プレ

西 ¿Me lo podría repetir más lentamente, por favor?
メ　ロ　ポドリア　レペティル マス　レンタメンテ　ポル　ファボル

私 この紙に文字で書いてください。

英 Please write it down on this piece of paper.
プリーズ　ライティット　ダウン　オン ディス ピーソヴ　ペイパー

仏 Vous pouvez écrire sur cette feuille, s'il vous plaît ?
ヴ　プヴェ　エクリール スール セットゥ フイユ　シル　ヴ　プレ

西 ¿Me lo podría escribir en este papel?
メ　ロ　ポドリア　エスクリビル　エン エステ パペル

私 近くのデパートの中にある呉服屋で着物をレンタルできますよ。

英 You can rent *kimono* at a kimono shop in the department store nearby.

仏 Vous pouvez louer des kimonos dans une boutique à l'intérieur de ce grand magasin.

西 Cerca de aquí hay una tienda de kimonos donde también los alquilan.

☞ ここでもう一言。

着物を持っている人も少なくなりました

私 現代の日本人は特別な時にしか着物を着ません。

英 Nowadays, Japanese people wear *kimono* only on special occasions.

仏 À notre époque, les japonais ne portent des kimonos plus que pour des événements exceptionnels.

西 En la actualidad los japoneses sólo visten kimonos en ocasiones especiales.

Chapter 1 *Can I help you?* から始まる会話
道案内 13　案内できないとき

（路上で困っています）

私　何かお困りですか？

英　Can I help you?
　　キャナイ　ヘルプ　ユー

仏　Est-ce que je peux vous aider?
　　エス　ク　ジュプ　ヴ　ゼデ

西　¿Le puedo ayudar en algo?
　　レ　プエド　アユダル　エン　アルゴ

You　近くに温泉に入れる場所はありますか？

英　Is there some place near here
　　イズ ゼア　サム　プレイス　ニア　ヒア
　　where I can bathe in a hot spring?
　　ウェア　アイキャン　ベイズ　インナ　ホット スプリング

仏　Est-ce qu'on peut prendre des bains
　　エス　コン　プ　プランドル　デ　バン
　　dans des sources chaudes près d'ici ?
　　ダン　デ　スールス　ショードゥ　プレ　ディシ？

西　¿Hay baños termales cerca de aquí?
　　アイ　バニョス　テルマレス　セルカ　デ　アキ

私　私もこの付近はあまり詳しくありません。

英　I'm sorry but　I'm a stranger　here myself.
　　アイム ソーリー バット アイマ ストゥレインジャー ヒア マイセルフ

仏　Excusez-moi, je ne connais pas très bien le quartier.
　　エクスクゼムワ　ジュ ヌ コネ　パ　トレ ビアンル カルティエ

西　Lo siento, yo tampoco conozco bien la zona.
　　ロ　シエント　ジョ タンポコ　コノスコ　ビエン ラ ソナ

私 お役に立てず、すみません。

英 Sorry, I couldn't help you.
ソーリー アイクドゥント ヘルプ ユー

仏 Désolé(e) de ne pas pouvoir vous aider. ※
デゾレ ドゥ ヌ パ プヴワール ヴ ゼデ

西 Siento mucho no poder ayudarle.
シエント ムチョ ノ ポデル アユダルレ

※相手が女性の場合は "Désolée" と書きます。発音は変わりません。

私 駅まで行けば観光案内所があります。

英 Please go to the station.
プリーズ ゴウ トゥー (ザ) ステイション

They have a tourist information counter there.
(ゼ)イ ハヴァ トゥーリスト インフォーメイション カウンター (ゼ)ア

仏 Il y a un office du tourisme dans la gare.
イリヤ アン オフィス デュ トゥーリズム ダン ラ ガール

西 Si va a la estación de trenes,
シ バ ア ラ エスタシオン デ トレネス

podrá encontrar información turística.
ポドラ エンコントラル インフォルマシオン トゥリスティカ

私 観光案内所で訊いてみてください。

英 Please ask at the tourist information counter.
プリーズ アスクアッ(ザ) トゥーリスト インフォーメイション カウンター

仏 Demandez-leur de vous aider.
デュマンデ ルール ドゥ ヴゼデ

西 Pregunte en la ventanilla de información turística.
プレグンテ エン ラ ベンタニジャ デ インフォルマシオン トゥリスティカ

☞ **ここでもう一言。**

場所を思い出すなど、ちょっと会話を止めたい時に

私 少し待ってください。

英 Let me see. / Wait a minute.
レット ミー スィー / ウェイタ ミニット

仏 Attendez une minute s'il vous plaît.
アタンデ ウヌ ミヌトゥ シルヴプレ

西 Espere un momento por favor.
エスペレ ウン モメント ポル ファボル

chapter 1 *Can I help you?* から始まる会話
道案内 14　コインロッカーの使い方

（コインロッカーの前で困っています）

私 何かお困りですか？

英　Can I help you?
キャナイ　ヘルプ　ユー

仏　Est-ce que je peux vous aider?
エス　ク　ジュプ　ヴ　ゼデ

西　¿Le puedo ayudar en algo?
レ　プエド　アユダル　エン アルゴ

You コインロッカーの使い方がわかりません。

英　I don't know how to use the coin locker.
アイ ドウント ノウ　ハウ　トゥー ユーズ ザ コイン ロッカー

仏　Je ne sais pas comment utiliser ces consignes.
ジュ ヌ セ　パ　コマン　ウティリゼ セ　コンシーニュ

西　No sé cómo utilizar la taquilla de monedas.
ノ　セ コモ　ウティリサル ラ タキジャ　デ モネダス

私 まず預けたい荷物をロッカーに入れて下さい。

英　First, put your baggage (luggage) into the locker.
ファースト プット ユア　バッゲージ（ラッゲージ）　イントゥー　ザ　ロッカー

仏　Mettez d'abord le bagage que vous voulez déposer
メテ　　ダボール　ル バガジュ　ク　ヴ　　ヴレ　デポゼ

dans la consigne.
ダン　ラ コンシーニュ

西　Primero introduzca las cosas que desee dejar en la taquilla.
プリメロ　イントロドゥスカ ラス コサス　ケ　デセエ　デハル エン ラ タキジャ

私 扉を閉めてから指定の料金を入れて下さい。

英　Close the door and insert coins as necessary.
クロウズ　ザ　ドア　　アンド インサート コインズ アズ ネセサリー

仏　Fermez la porte puis insérez le montant demandé.
フェルメ　ラ ポールトゥ プイ アンセレ　ル モンタン　　デゥマンデ

西　Cierre la puerta e inserte el precio indicado.
シエレ　ラ プエルタ エ インセルテ エル プレシオ インディカド

私 料金を入れると鍵を引き抜くことができます。

英 When the coins are in, you can pull out the key.
ウェン (ザ) コインズ アー イン ユー キャン プル アウト (ザ) キー

仏 Vous pouvez retirer la clé après avoir mis l'argent.
ヴ プヴェ ルティレ ラ クレ アプレ アヴワール ミラルジャン

西 Depués de insertar el dinero, puede retirar la llave.
デスプエス デ インセルタル エル ディネロ プエデ レティラル ラ ジャベ

私 鍵を閉めてから 24 時間経つと追加料金が発生します。

英 After 24 hours, you have to pay an additional fee.
アフター トゥエンティーフォーアワーズ ユー ハヴ トゥー ペイ アン アディショナル フィー

仏 Un surplus d'argent vous sera demandé si vous n'avez pas repris
アン スールプル ダルジャン ヴ スラ デゥマンデ シ ヴ ナヴェ パ ルプリ

votre bagage vingt-quatre heures après avoir fermé la consigne.
ヴォトル バガジュ ヴァント カトゥール アプレ アヴワール フェルメ ラ コンシーニュ

西 Transcurridas 24 horas desde el cierre con llave,
トラスクリダス ベインティクアトロ オラス デスデ エル シエレ コン ジャベ

se le aplicará un sobrecoste.
セ レ アプリカラ ウン ソブレコステ

☞ **ここでもう一言。**

期限を過ぎるとロッカーの中身の荷物は回収されてしまうようです

私 このコインロッカーの利用期限は 3 日間です。

英 You can use this coin locker for three days only.
ユー キャン ユーズ (ディ)ィス コイン ロッカー フォー (ス)リー デイズ オウンリー

After that, your baggage will be taken out of the locker.
アフター (ザ)ット ユア バッゲージ ウィル ビ テイクン アウトヴ (ザ) ロッカー

仏 La période d'utilisation est limitée à trois jours pour cette consigne.
ラ ペリオドゥ デュティリザシオン エ リミテ ア トルワ ジュール プール セットゥ コンシーニュ

西 El tiempo máximo de uso de esta taquilla es de 3 días.
エル ティエンポ マクシモ デ ウソ デ エスタ タキジャ エス デ トレス ディアス

63

Essay

通訳は万能変換機？

通訳をする者たちは、どんな分野の専門用語も頭に入っている、なんてことはありません。しかし一般の方々からご覧になると、「君たち、プロでしょう？」という意識をお持ちですので、通訳が詰まったりすると下手な通訳だと思われてしまうこともあるのです。男はつらいよ、ではなく通訳はつらいよ、です。

私たちは万能言語変換機ではありません（悲鳴）。通訳を困らせないためには、あらかじめ内容の説明、用語リストの提示などが望まれます。ぜひご協力をお願いいたします。

トンデモ通訳・翻訳

最近の通訳ソフト、翻訳ソフトはかなり精度が上っていて、驚くほど進歩していると感心します。

30年以上前の創成期にはシャープをはじめ、いくつかのコンピューターソフトウエア会社が競って翻訳ソフトの開発に取り組んでいました。そのお手伝いをしたことがありますが、ケッサクな訳文、訳語におなかを抱えて笑ったこともしばしばでした。最初に出会った例は忘れられません。

・Frank Sinatra is coming to Japan. → 率直なシナトラさんが来日する。

「さん」をつけたところはたいしたものでした。

・Time flies like an arrow. → 時間バエ（蠅）は矢を好む。

「光陰矢のごとし」と訳される格言です。日本語も英語も「矢」を用いているところが面白いですね。

ちなみに、日本語から英語への翻訳ソフトは、かなり出遅れました。日本語の解析はやはり厄介なのでしょうか。

Chapter 1 *Can I help you?* から始まる会話
道案内 15　wi-fi スポット

（路上で困っています）

私 何かお困りですか？

英 Can I help you?
キャナイ　ヘルプ　ユー

仏 Est-ce que je peux vous aider?
エス　ク　ジュプ　ヴ　ゼデ

西 ¿Le puedo ayudar en algo?
レ　プエド　アユダル　エン アルゴ

You すみません、この近くでwi-fiを使える場所はありますか？

英 Excuse me. Where can I find a wi-fi spot around here?
エクスキューズ ミー　ウェア　キャナイ ファインダ ワイファイス スポット　アラウンド　ヒア

仏 Excusez-moi. Vous savez s'il y a un endroit où je peux utiliser le Wi-Fi près d'ici ?
エクスクゼモワ　ヴ　サヴェ　シリヤ　アン アンドルワ ウ ジュ　プ　ウティリゼ　ル　ウイフィ プレ　ディシ

西 Disculpe, ¿hay algún lugar donde pueda usar Wi-Fi cerca de aquí?
ディスクルペ　アイ　アルグン ルガル　ドンデ　プエダ　ウサル　ウィーフィ セルカ デ アキ

私 あそこに見えるカフェに行けば wi-fi を利用できますよ。

英 Wi-fi is available at the café over there.
ワイファイ イズ アヴェイラブル アッ ザ キャフェイ オウヴァー ゼ ア

仏 Vous pouvez utiliser le Wi-Fi dans le café que vous voyez là-bas.
ヴ　プヴェ　ウティリゼル　ウイフィ ダン　ル カフェ　ク　ヴ　ヴワイエ ラバ

西 Puede utilizar Wi-Fi en el café que ve allí.
プエデ　ウティリサル ウィーフィ エン エル カフェ ケ ベ アジ

You その他に wi-fi を使える場所はありますか？

🇬🇧 Is there anywhere else that I can use wi-fi?
イズ ゼア エニウェア エスル ザット アイ キャン ユーズ ワイファイ

🇫🇷 Est-ce qu'il y a d'autres endroits où je peux
エス キリ ヤ ドートル アンドルワ ウ ジュ プ

utiliser le Wi-Fi ?
ウティリゼ ル ウイフィ

🇪🇸 ¿Hay algún otro lugar donde pueda utilizar Wi-Fi?
アイ アルグン オトロ ルガル ドンデ プエダ ウティリサル ウィーフィ

私 駅やホテルでも使えるでしょう。

🇬🇧 You can use it at stations and hotels, I guess.
ユー キャン ユーズィット アット ステイションズ アンド ホウテルズ アイ ゲス

🇫🇷 Je pense qu'on peut utiliser le Wi-Fi dans les gares,
ジュ パンス コン プ ウティリゼル ウイフィ ダン レ ガール

les stations et les hôtels.
レ スタシオン エ レ ゾテル

🇪🇸 También puede utilizarlo en las estaciones y los hoteles.
タンビエン プエデ ウティリサルロ エン ラス エスタシオネス イ ロス オテレス

私 あるいはネットカフェを紹介しましょうか？

🇬🇧 How about a net café? Shall I show you where?
ハウ アバウタ ネット キャフェ シャル アイ ショウ ユー ウェア

🇫🇷 Ou bien vous voulez que je vous montre où il y a un cybercafé ?
ウ ビアン ヴ ヴレ ク ジュ ヴ モントル ウ イリヤ アン シベールカフェ

🇪🇸 También le podría recomendar un cyber café.
タンビエン レ ポドリア レコメンダル ウン シベル カフェ

☞ここでもう一言。

国際電話をしたいという希望なら

私 **公衆電話なら国際電話ができます。**

英 You can make international calls using
ユー　キャン メイク　インターナショナル　コールズ ユーズィング
public phones.
パブリック フォウンズ

仏 Vous pouvez passer des appels internationaux depuis
ヴ　プヴェ　パセ　デ ザペル　アンテルナシオノ　ドゥプイ
les téléphones publics.
レ　テレフォヌ　ププリック

西 Puede hacer llamadas internacionales desde
プエデ　アセル　ジャマダス　インテルナシオナレス　デスデ
una cabina telefónica.
ウナ　カビナ　テレフォニカ

Essay

先端的トイレ

　ある近隣国からの観光客の興味が、日本のトイレにあると聞きました。ドアをあけて入っただけでうす暗いブースでオバケのようにトイレのフタが開く。同時に灯りも点灯する。座ったら自動的に水流音がする。立ち上がったら勝手に流してくれる、など。未来都市の縮図のようです。

　しかしそうまでしてくれなくても良いのに。その一方、私はトイレで立ち往生することもけっこうあります。メガネをかけてないと、水を流すボタンがどれだかわからない！　さまざまな仕様のボタンやレバーがあるが、デザインをしゃれている場合じゃないでしょ！うっかりするととんでもないところを押して顔に噴水を浴びる恐れさえあります。

　だからお願いです。水を流すためのサイン（しるし）だけは万国共通にして欲しい！　必殺水流デザインを募集して、2020年までに間に合わせなくては。

Chapter 1 *Can I help you?* から始まる会話
道案内 16　トイレはどこ？

（競技場で困っています）

私 何かお困りですか？

英　Can I help you?
キャナイ　ヘルプ　ユー

仏　Est-ce que je peux vous aider?
エス　ク　ジュプ　ヴ　ゼデ

西　¿Le puedo ayudar en algo?
レ　プエド　アユダル　エン アルゴ

You トイレはどこにありますか？

英　Where's the rest room (toilet, lavatory, washroom, bathroom)?
ウェアズ　ザ　レストゥルーム　トイレット　ラヴァトリー　ウォッシュルーム　バスルーム

仏　Où est-ce qu'il y a des toilettes ?
ウ　エス　キリ　ヤ　デ　トワレット

西　¿Dónde están los servicios?
ドンデ　エスタン ロス セルビシオス

私 この通路をまっすぐ進んで、突き当りを左右どちらに行っても

トイレはあります。

英　Go straight along this passage till the end,
ゴウ ストゥレイト アロング　ディス パッセッジ ティル　ズィ エンド
and then turn either right or left.
アンド ゼン　ターン アイザー　ライト オア レフト

仏　Allez tout droit jusqu'au bout de ce passage et vous
アレ　テュー　ドルワ ジュスコ　ブ　ドゥス　パサージュ　エ　ヴ
trouverez des toilettes à droite et à gauche.
トゥルヴレ　デ　トワレット　ア ドルワット エ ア ゴーシュ

西　Siga recto este pasillo y encontrará los servicios a ambos
シガ　レクト　エステ パシジョ　イ エンコントララ ロス セルビシオス　ア アンボス
lados al final del pasillo.
ラドス　アル フィナル デル パシジョ

69

私 右に曲がった方のトイレが近いですよ。

英 You can get there quicker if you turn right.
ユー　キャン ゲッ　(ゼ)ア　クウィッカー イフ ユー　ターン　ライト

仏 Les toilettes sont plus proches si vous aller à droite.
レ　トワレット　ソン　プル　プロッシュ　シ　ヴ　ザレ　ア ドルワット

西 El servicio más cercano está doblando a la derecha.
エル セルビシオ　マス　セルカノ　エスタ ドブランド　ア ラ デレチャ

私 今トイレの横を通って来たのですがたくさんの人が並んでいましたよ。

英 I've just passed by the rest room and saw
アイヴ ジャスト パスト　バイ (ザ) レストゥルーム　アンド ソー

lots of people queuing.
ロッツオヴ ピープル キューイング

仏 Je viens juste de passer à côté de toilettes mais
ジュ ヴィアン ジュスト ドゥ パセ　ア コテ　ドゥ トワレット　メ

il y avait beaucoup de personnes qui attendaient.
イリヤヴェ　ボク　ドゥ ペルソンヌ　キ　アタンデ

西 Acabo de pasar por los servicios y había mucha
アカボ　デ　パサル　ポル　ロス　セルビシオス イ アビア　ムチャ

gente haciendo cola.
ヘンテ　アシエンド　コラ

私 列の後ろから並んで下さい。

英 Please stand at the end of the queue.
プリーズ　スタンド アット ズィ エンドヴ　ザ　キュー

仏 Vous devez aller à l'arrière de la file et faire la queue.
ヴ　ドゥヴェ アレ　ア ラリエール ドゥ ラ フィール エ フェール ラ ク

西 Póngase al final de la fila por favor.
ポンガセ　アル フィナル デ ラ フィラ ポル ファボール

☞ ここでもう一言。

トイレが空いたことに気づいていないようです

私 あなたの順番がきましたよ。

英 It's your turn. Please.
イッツ ユア　ターン　プリーズ

仏 Les toilettes viennent de se libérer.
レ　トワレット　ヴィエンヌ　ドゥ ス リベレ

西 Es su turno.
エス ス トゥルノ

Essay

トイレその2

　音楽会や観劇の合間にお手洗いに並ぶのは、嫌なことです。女性が列を作っているのは案外見慣れた光景ですが、意外にも男性が廊下までズラッと並んでおられることもあります。会場の参加者のほとんどが男性の場合です。大ホールなどの建設に当たっては、幕間の15分間に何人の人たちが用をたすことが可能なのか、実験や計算をしておられるのでしょうか？

　少なくとも日本では、設計上のバランスの問題で男性トイレと女性トイレが同じ面積を割り当てられることが多いのではないかと推測しています。そうすると必然的に女性のほうが停滞する結果となりがちです。

　アメリカでは、10年以上も前から、同じ時間内に同じ人数の女性と男性が使用できることを条件として大ホールなどの設計が試みられています。州によって法律が違うので、全国的にはまだばらつきがあるものの、男女平等の視点からいっても歓迎すべき傾向だと思います。日本にも早くこのような思想が入ってきますように！

　ちなみに、オリンピックの会場でトイレをノックされたら、なんと応えればよいのでしょう？"YES"でもないし、"NO"もヘンです。簡単な答えは、"JUST A MINUTE！"だそうです。

Chapter 2

さらにもてなす会話

"Can I help you?" だけがおもてなしの言葉ではありません。
この Chapter は、"Can I help you?" で知り合った外国人や外国人の友人との会話を集めました。

Chapter 2　さらにもてなす会話
自己紹介

（目的地まで一緒に歩いています）

私 まだ自己紹介していませんでした。私の名前はシロウです。

英　I haven't introduced myself yet. My name is Shiro.
　　アイ ハヴント イントゥロデュースト マイセルフ イェット マイ ネイム イズ シロウ

仏　Je ne me suis pas encore présenté. Je m'appelle Shiro.
　　ジュ ヌ ム スイ パ アンコル プレサンテ ジュ マペル シロ

西　Todavía no me he presentado. Mi nombre es Shiro.
　　トダビア ノ メ エ プレセンタド ミ ノンブレ エス シロ

You お会いできてうれしいです。私はリサです。

英　I'm glad to meet you. My name is Lisa.
　　アイム グラッ トゥー ミーチュー マイ ネイム イズ リサ

仏　Enchantée, moi c'est Lissa.
　　アンシャンテ ムワ セ リサ

西　Mucho gusto. Yo soy Lisa.
　　ムチョ グスト ジョ ソイ リサ

私 オリンピックを観に来たのですか？

英　Did you come to see the Olympics?
　　ディジュー カム トゥースィー ㊅ィ オリムピックス

仏　Vous êtes venue voir les jeux olympiques ?
　　ヴ ゼットゥ ヴヌ ヴワールレ ジュゾランピック

西　¿Ha venido a ver las olimpíadas?
　　ア ベニド ア ベル ラス オリンピアダス

英	英語
仏	フランス語
西	スペイン語

You そうです。それと日本のいろんな場所に行ってみようと来ました。

英 Yes. Also, I came to Japan because I wanted to visit many places.
イエス オールソウ アイ ケイム トゥー ジャパン ビコーズ アイ ウォンティッ トゥー ヴィズィット メニー プレイスィズ

仏 Oui, je suis venue voir les jeux olympiques et je voudrais aussi visiter le Japon.
ウイ ジュ スイ ヴヌ ヴワール レ ジュゾランピック エ ジュ ヴドレ オシ ヴィジテ ル ジャポン

西 Así es. También he venido porque quería visitar diferentes lugares de Japón.
アシー エス タンビエン エ ベニード ポルケ ケリーア ビシタール ディフェレンテス ルガーレス デ ハポーン

私 どこを訪れる予定ですか？

英 Where are you planning to visit?
ウェア アー ユー プランニング トゥー ヴィズィット

仏 Vous avez l'intention de visiter quoi ?
ヴ ザヴェ ランタンシオン ドゥ ヴィジテ クワ

西 ¿Qué lugares tiene planeado visitar?
ケ ルガレス ティエネ プラネアド ビシタル

☞ **ここでもう一言。**

この一言でさらに広がる会話を楽しみましょう。

私 いつまで日本に滞在するのですか？

英 How long are you going to stay in Japan?
ハウ ロング アー ユー ゴウイング トゥー ステイ イン ジャパン

仏 Vous restez jusqu'à quand au Japon ?
ヴ レステ ジュスカ カン オ ジャポン

西 ¿Hasta cuándo estará en Japón?
アスタ クアンド エスタラ エン ハポン

Chapter 2 さらにもてなす会話
どちらからいらっしゃいましたか？

（目的地まで一緒に歩いています）

私 どちらからいらっしゃいましたか？

英 Where are you from?
ウェア　アー　ユー　フロム

仏 Vous venez d'où?
ヴ　ヴネ　デゥ

西 ¿De dónde es usted?
デ　ドンデ　エス　ウステ

You 私はアメリカのシカゴから来ました。

英 I'm from Chicago in the United States.
アイム フロム　シカーゴ　イン ザ　ユナイテッド ステイツ

私はフランスのボルドーから来ました。

仏 Je viens de Bordeaux en France.
ジュ ヴィアン ドゥ ボルド　アン フランス

私はスペインのバレンシアから来ました。

西 Yo soy de Valencia, España.
ジョ ソイ　デ　バレンシア　エスパニャ

私 アメリカですか。私は旅行でニューヨークに行ったことがあります。

英 Oh, you are from America. I've been to New York on a trip.
オウ　ユー　アー　フロム アメリカ　アイヴ ビン　トゥーニューヨーク　オン ナ トゥリップ

フランスですか。私は旅行でパリに行ったことがあります。

仏 Vous venez de France ! Je suis allé(e) à Paris une fois en voyage. ※
ヴ　ヴネ　デスパニュ　ジュ スイ ザレ　ア バルスロヌ ウヌ フワ アン ヴヤージュ

スペインですか。私は旅行でバルセロナに行ったことがあります。

西 ¿De España? Yo he estado de viaje en Barcelona.
デ　エスパニャ　ジョ エ　エスタド　デ　ビアヘ　エン バルセロナ

※相手が女性の場合は "allée" と書きます。発音は変わりません。

私 アメリカで食べたハンバーガーがおいしくて、忘れられません。

英 I can't forget the delicious hamburgers I had in America.
アイ キャント フォーゲット (ザ) デリシャス ハムバーガーズ アイ ハド イン アメリカ

フランスで飲んだワインがおいしくて、忘れられません。

仏 Le vin que j'ai bu en France était vraiment très bon.
ル ヴァン ク ジェ ブ アン フランス エテ ヴレーマン トレ ボン

Je m'en souviendrai toujours.
ジュ マン スヴィアンドレ テゥジュール

スペインで食べたパエリアがおいしくて、忘れられません。

西 Aún me acuerdo de la deliciosa paella que comí en España.
アウン メ アクエルド デ ラ デリシオサ パエーヤ ケ コミー エン エスパーニャ

私 また旅行で訪れてみようと思っています。

英 I'm thinking of visiting your country again.
アイム (ス)ィンキング オヴ ヴィズィティング ユア カントリー アゲイン

仏 J'ai envie d'y retourner encore un fois.
ジェ アンヴィ ディ ルテゥルネ アンコール ウヌ フワ

西 Me gustaría ir de viaje otra vez.
メ グスタリア イル デ ビアヘ オトラ ベス

☞ **ここでもう一言。**

さらに会話を続ける一言

私 たくさん歩いて、お疲れではないですか。

英 You've walked so much today. Aren't you tired?
ユーヴ ウォークト ソウ マッチ トゥデイ アーンチュー タイアド

仏 Vous avez beaucoup marché. Vous n'êtes pas fatigué(e) ?
ヴ ザヴェ ボク マルシェ ヴ ネットゥ パ ファティグ

西 ¿No estará cansado(a) después de tanto caminar? ※
ノ エスタラ カンサド デスプエス デ タント カミナル

※相手が男性の場合は"cansado(カンサド)"、相手が女性の場合は"cansada(カンサダ)"と発音します。

77

Chapter 2 さらにもてなす会話
天気の話題

（目的地まで一緒に歩いています）

私 今日は涼しくて過ごしやすい天気ですね。

英 It's nice and cool today, isn't it?
イッツ ナイス アンド クール トゥデイ イズントゥイット

仏 Il fait frais aujourd'hui. C'est agréable, n'est-ce pas ?
イル フェ フレ オジュルデュイ セ アグレアブル ネスパ

西 Hoy el día es fresco y agradable.
オイ エル ディア エス フレスコ イ アグラダブレ

You そうですね。想像していたより涼しくて驚きました。

英 Yes, it is. I'm surprised that it's cooler than I thought.
イエス イッティズ アイム サプライズド ザット イッツ クーラー ザン アイ ソート

仏 Oui. Il fait plus frais que ce que j'avais imaginé.
ウイ イル フェ プル フレ ク ス ク ジャヴェ イマジネ

西 Sí, es verdad. Estoy sorprendida,
シ エス ベルダ エストイ ソルプレンディダ

hace más fresco de lo que suponía.
アセ マス フレスコ デ ロ ケ スポニア

私 今日はこの時期にしては涼しい日ですよ。

明日からはもっと暑くなるようです。

英 It's cool today for this time of the year.
イッツ クール トゥデイ フォー ディス タイム オヴ ザ イヤー

They say that it's going to be hotter from tomorrow on.
ゼイ セイ ザット イッツ ゴウイング トゥー ビ ホッター フロム トゥモーロウ オン

仏 C'est un jour frais pour la saison.
セ アン ジュール フレ プール ラ セゾン

Il va probablement faire plus chaud à partir de demain.
イル ヴァ プロバブルマン フェール プル ショ ア パルティール ドゥ ドゥマン

西 Hoy hace más fresco de lo normal.
オイ アセ マス フレスコ デ ロ ノルマル

A partir de mañana hará más calor.
ア パルティール デ マニャナ アラ マス カロル

You 服装選びの参考になります。

英 That helps me choose my clothes.
ザットヘルプス ミー チューズ マイ クロウズ

仏 Je mettrai des vêtements plus légers alors.
ジュ メトレ デ ヴェトゥマン プル レジェ アロール

西 Lo tendré en cuenta a la hora de elegir qué ponerme.
ロ テンドレ エン クエンタ ア ラ オラ デ エレヒルケ ポネルメ

私 旅先で体調崩さないようにしないといけませんからね。

英 You do have to be careful about your health especially when you are on a trip, don't you?
ユー ドゥー ハヴ トゥー ビ ケアフル アバウト ユア ヘルス エスペシャリー ウェン ユー アー オンナ トリップ ドウンチュー

仏 Il fait faire attention à ne pas tomber malade en plein voyage.
イル フォ フェール アタンシオン ア ヌ パ トンベ マラードゥ アン プラン ヴワヤージュ

西 Sí, tiene que cuidarse para no caer enfermo(a) durante el viaje. ※
シ ティエネ ケ クイダルセ パラ ノ カエル エンフエルモ ドゥランテ エル ビアヘ

※相手が男性の場合は "enfermo（エンフェルモ）"、相手が女性の場合は "enferma（エンフェルマ）" と発音します。

☞ ここでもう一言。

日本の気候についてもう一言

私 夏はしばしば、にわか雨があります。

英 We often have rain showers in summer.
ウィー オーフン ハヴ レイン シャウアーズ イン サマー

仏 Il y a souvent des averses en été ici.
イリヤ スヴァン デザヴェールス アン エテ イシ

西 En verano de vez en cuando tenemos chaparrones inesperados.
エン ベラノ デ ベス エン クアンド テネモス チャパロネス イネスペラドス

79

Essay

天気予報

　日本の天気予報はまるで万華鏡のようです。春夏秋冬と、季節の変わることは年中行事。今年は春がなかった、なんてことはありません。それだけでも十分なのに、それに加えて、じとじと降り続く梅雨があり、台風が来て去ったと思うとピカピカに晴れる。まるで赤道直下のような炎天に苦しんだ後は涼風が吹き渡り、ススキの銀波の上を赤とんぼがこの世の「秋」を楽しむごとく風に乗ってサーフィンです。やがて富士山が上から徐々に白くなり、山間部では数メートルの雪の壁が掘り出せたりします。地吹雪が演歌になるのも日本らしい文化ではないでしょうか。そしてまた桜吹雪がやってくるのです。

　このような日本では、テレビの天気予報番組は実に変化に富んでおり、見るほうの私たちも、明日の天気は果たしてどうなるか、という期待をもってテレビの前に座っています。明日は雨だと知ると、「困ったね、どうしよう」。雪だとわかると、外出はキャンセル。晴天だと聞くと、じゃちょっとドライブに、となるかもしれません。時には、「なあに昨日の天気予報。ウソばっかり」ということも無きにしも非ずです。

　いずれにしても私たちはお天気によって一喜一憂をくりかえし、変化を楽しみ、一年を通して飽きることがありません。人間の一生にとって、これは幸福の一部ではないでしょうか。

さて、4月から10月いっぱいは泳げるテキサスに住んでいた私たち

が、ドイツに引っ越したのは12月はじめでした。緯度からいうと北海道の最北端あたりに位置する町です。中心部のスワンレイクがカチンカチンに凍っても不思議はありません。町の中央公園はクリスマス市場で賑わい、その上に容赦なく雪が降っていました。さて、クリスマスも終わり、お正月（地味なお正月です）も過ぎて2月になりました。

　ある日、ようやく窓辺に日（陽光）が射したのです。私は大急ぎで子供たちを呼び寄せました。「Kちゃん、Tちゃん、急いでおいで、お日様だよー」レースのカーテンを思いっきり開けて、窓ガラス越しに日光浴です。ドイツにやってきて実に3ヶ月ぶりのお日様でした。テキサスではありあまるほどの陽光を浴びて、皮膚も茶系になっちゃいそうな具合でしたが、ここでは白人の方々の白い肌の理由が頷けるのでした。

　テキサスにしても、ドイツのユーリッヒにしても毎日同じ天気の繰り返しで、「晴れのち晴れ」「曇りのち曇り」ばかりでは、面白くありません。気温こそ季節により変化するものの、天気予報に注意を払うことはあまりないのです。ドイツでは濡れるほどひどい雨は降らず、だいたい帽子でOK。テキサスでは「この程度なら濡れてゆこう」というわけで傘いらずとなってしまいます。

———————————————————————

Chapter 2　さらにもてなす会話
食事に誘う

（日本食に興味があるようです）

私 日本に到着してから、何か日本食を食べましたか？

英 Have you tried any Japanese food since you arrived in Japan?

仏 Qu'est-ce que vous avez mangé comme plats japonais depuis que vous êtes arrivé(e) au Japon ? ※

西 Desde que llegó a Japón, ¿qué comida japonesa ha probado?

※相手が女性の場合は "allée" と書きます。発音は変わりません。以下同様。

You まだ到着してからハンバーガーとサンドウィッチしか食べていません。

英 I only had a hamburger and sandwich since my arrival in Japan.

仏 Je n'ai mangé que des hamburgers et des sandwichs depuis que je suis arrivé(e). ※

西 Desde que he llegado sólo he comido hamburguesas y sandwiches.

私 よろしければ、これから一緒に日本食を食べに行きませんか？

英 How about trying Japanese food together?

仏 On peut aller manger de la cuisine japonaise ensemble maintenant, si vous voulez.

西 Si le apetece, podríamos ir a comer comida japonesa. ¿Qué le parece?

私 生魚は食べたことありますか？

英 Have you ever eaten raw fish?
ハヴ ユー エヴァー イートゥン ロウ フィッシュ

仏 Vous avez déjà mangé du poisson cru ?
ヴ ザヴェ デジャ マンジェ デュ プワソン クル

西 ¿Ha comido pescado crudo alguna vez?
ア コミド ペスカド クルド アルグナ ベス

私 近くに知っている寿司屋があるので行きましょう。

英 Let's go to a nearby *sushi* restaurant I know.
レッツ ゴウトゥー ア ニアバイ スシ レストラント アイ ノウ

仏 Je connais un restaurant de sushi près d'ici, allons-y.
ジュ コネ アン レストラン ドゥ スシ プレ ディシ アロンジ

西 Conozco un restaurante de sushi cerca de aquí. Vayamos allí.
コノスコ ウン レスタウランテ デ スシ セルカ デ アキ バヤモス アジ

☞ **ここでもう一言。**

飲食店に入る前に確認しましょう。

私 私がおごります。

英 This is going to be my treat.
ディス イズ ゴウイング トゥー ビ マイ トゥリート

仏 Je vous invite.
ジュ ヴザンヴィトゥ

西 Yo le invito.
ジョ レ インビト

私 割り勘でもいいですか？

英 Do you mind if we split the bill?
ドゥー ユー マインド イフ ウィー スプリット ザ ビル

仏 On partage la note, ça vous va ?
オン パルタージュ ラ ノトゥ サ ヴ ヴァ

西 ¿Podemos dividirnos la cuenta?
ポデモス ディビディルノス ラ クエンタ

Chapter 2 さらにもてなす会話
飲食店 1　日本食

（どんな日本食に興味があるか訊いてみます）

私 日本で食べてみたいものは何かありますか？

英　Is there any food you would like to try in Japan?
　　イズ ゼア　エニー　フード　ユー　ウッド　ライク トゥー トゥ ライ イン ジャパン

仏　Il y a quelque chose que vous voulez manger au Japon?
　　イリヤ　ケルク　ショーズ　ク　ヴ　ヴレ　マンジェ　オ　ジャポン

西　¿Hay algún plato japonés que desee probar?
　　アイ　アルグン　プラト　ハポネス　ケ　デセエ　プロバル

You 日本に着いたらラーメンを食べてみたいと思っていました。

英　I have always wanted to try *ramen* in Japan.
　　アイ ハヴ オールウェイズ ウォンティッド トゥー トゥ ライ ラーメン イン ジャパン

仏　J'ai envie de manger des ramen depuis que je suis arrivé(e).※
　　ジェ アンヴィ ドゥ マンジェ デ ラメン　ドゥプイ ク　ジュ スイ アリヴェ

西　Pensaba probar el ramen cuando llegara a Japón.
　　ペンサバ　プロバル エル ラメン　クアンド　ジェガラ ア　ハポン

※相手が女性の場合は "allée" と書きます。発音は変わりません。

You 有名なブログに書いてありましたが、

日本のラーメンは独自の発達をしたようですね。

英 I've read in a popular blog that Japanese *ramen* has developed in a unique way.

仏 J'ai lu dans un blog très connu que les ramen japonais ont évolués d'une façon originale.

西 Leí en un famoso blog que el ramen japonés ha evolucionado con un estilo propio.

私 スープのベースは醤油、みそ、塩、とんこつなどがあり、麺の形状もさまざまです。

英 There are a variety of *ramen* soups – soy sauce flavor, miso flavor, salt flavor, pork bone broth type and so forth. There are various shapes of noodles, too.

仏 Le bouillon peut être fait à base de sauce de soja, de miso, de sel, ou de porc. Les pâtes aussi ont différentes formes.

西 La sopa está hecha a base de salsa de soja, miso, sal o huesos de cerdo. También los fideos vienen en diferentes formas.

私 都市ごとに特徴の異なるラーメンがあります。

英 Almost every city and town has its own special *ramen*.
オールモウスト エヴリ スィティー アンド タウン ハズ イッツ オウン スペシャル　　ラーメン

仏 Il existe aussi des spécialités de ramen d'une ville à l'autre ville.
イル エクジストゥ オシ デ　スペシアリテ　ドゥ ラメン デュンヌ　ヴィール ア ロトル ヴィール

西 Las características del ramen varían dependiendo de la
ラス　カラクテリスティカス デル　ラメン　バリアン　デペンディエンド　デ ラ

ciudad donde se prepara.
シウダ　　ドンデ　セ　プレパラ

☞ここでもう一言。

ラーメンの歴史

私 ラーメンは約150年前に中国から伝わったと言われています。

英 *Ramen* is said to have come from China
ラーメン　イズ セッ トゥー ハヴ　カム　　フロム　チャイナ

about 150 years ago.
アバウト　ハンドゥレッド アンド フィフティー　イヤーズ アゴウ

仏 On raconte que la recette des ramen a été importée
オン ラコントゥ　ク　ラ ルセットゥ　デ　ラメン　　ア エテ アンポルテ

de Chine il y a environ cent cinquante ans.
ドゥ シーヌ　イリヤ　アンヴィロン サン　　サンカンタン

西 Se dice que el ramen fue traído desde China
セ　ディセ　ケ　エル ラメン　フエ トライド デスデ　チナ

hace aproximadamente 150 años.
アセ　　アプロシマダメンテ　　　　シエントシンクエンタ アニョス

86

Chapter 2 さらにもてなす会話
飲食店 2　注文

（飲食店で注文するものを決めかねています）

私 何を注文するか決めましたか？

英　Have you decided what to order?
ハヴ　ユー　ディサイディド ワッ トゥー オーダー

仏　Vous avez choisi ce que vous allez manger ?
ヴ　ザヴェ　シュワジ ス ク　ヴ　ザレ　マンジェ？

西　¿Ha decidido lo que va a pedir?
ア　デシディド　ロ ケ　バ ア ペディル

You まだ決めていません。

英　No, not yet.
ノウ　ノッチエット

仏　Je n'ai pas encore choisi.
ジュ　ネ　パ　アンコール　シュワジ

西　No, todavía no me he decidido.
ノ　トダビア　ノ メ　エ　デシディド

私 このお店のオススメ料理はそばと天丼のセットです。

英 Their specialty here is a *soba* (buckwheat noodle) and *tendon* combo.

仏 Dans ce restaurant je vous conseille le menu avec les soba, pâtes au sarrasin, et le tendon.

西 Este restaurante recomienda la combinación de fideos *soba* y arroz *tendon*.

私 天丼の天は天ぷら、天丼の丼はご飯をよそった大きな器を意味しています。

英 'Ten' in 'tendon' means tempura and 'don' means a big bowl with rice.

仏 Le ten de tendon signifie tenpura et don désigne un grand bol rempli de riz.

西 La palabra "tendon" está compuesta por las sílabas "ten" de tempura y "don", que significa cuenco de arroz.

88

🔵私 天ぷらとはエビやイカなどの魚、野菜を小麦粉と卵で作った衣を

つけて油で揚げた料理です。

🔵英 *Tempura* is a fritter-like dish. Shrimp, squid, fish
テンプラ　　　　イズ　ア フリッターライク ディッシュ　シュリンプ　　スクウィド フィッシュ
and vegetables are dipped in batter and deep-fried.
アンド ヴェジタブルズ　　　アー　ディップト イン　バター　　アンド　ディープ フライド

🔵仏 Les tempura sont des beignets de crevette, de calmar,
レ　テンプラ　　ソン　デ　　ベニエ　　　ドゥクルヴェットゥ ドゥ カラマール

de poisson ou de légumes avec une pâte composée de
ドゥ プワソン　　ウ ドゥ レグム　　アヴェック ウヌ　パット　コンポゼ　　ドゥ

farine de blé et d'œuf frits dans l'huile.
ファリーヌ ドゥ ブレ エ デュフ フリ ダン ルイル

🔵西 La tempura es un plato que consiste en verduras,
ラ　テンプラ　　エス ウン プラト　ケ　　コンシステ　　　エン ベルドゥラス

gambas, pescado o calamares rebozados y fritos.
ガンバス　　　ペスカド　オ カラマレス　　　レボサドス　　イ フリトス

☞ここでもう一言。

日本の飲食店・宿泊施設にはサービス代も含まれています。

🔵私 チップは必要ありません。

🔵英 No tipping is our custom. / Tipping is not required in Japan.
ノウ ティッピング イズ アワ カスタム　ティッピング イズ ノット リクワイアド イン ジャパン

🔵仏 Au japon on ne laisse pas de pourboire.
オ　ジャポン オン ヌ　レス　　パ ドゥ　プルボワール

🔵西 No es necesario dejar propina.
ノ　エス ネセサリオ　　デハル プロピナ

Chapter 2 さらにもてなす会話
飲食店 3　食べられないもの

（相手が食べられないものを確認します）

私 食べられない食べ物はありませんか？

英 Is there any food that you can't eat?
イズ ゼア　エニー　フード　ザットユー　キャントイート

仏 Est-ce qu'il y a certains aliments que vous ne mangez pas ?
エス　キリ ヤ　セルタン　アリマン　ク　ヴ　ヌ　マンジェ　パ

西 ¿Hay algo que no pueda comer?
アイ　アルゴ　ケ　ノ　プエダ　コメル

You 宗教上の理由で豚肉を食べることができません。

英 I can't eat pork for religious reasons.
アイ キャント イート ポーク フォー レリジャス　リーズンズ

仏 Je ne mange pas de porc pour des raisons religieuses.
ジュ ヌ　マンジュ　パ ドゥ ポール　プール　デ　レゾン　ルリジウーズ

西 Por mi religión, yo no puedo comer carne de cerdo.
ポル　ミ　レリヒオン　ジョ ノ　プエド　コメル　カルネ　デ　セルド

私 豚肉ですね。わかりました。

英 You can't eat pork, I see.
ユー　キャント イート ポーク　アイ スィー

仏 Pas de porc. Très bien c'est compris.
パ ドゥ ポール，トレ ビアン，セ　コンプリ

西 ¿Carne de cerdo? De acuerdo.
カルネ　デ　セルド　デ　アクエルド

私 店のスタッフに確認しましょう。

英 I'll check with the staff.
アイル チェック　ウイズ ザ　スタッフ

仏 Je vais vérifier avec le serveur.
ジュ ヴェ　ヴェリフィエ アヴェックル セルヴール

西 Voy a preguntar al camarero.
ボイ ア プレグンタル　アル カマレロ

私 この店では豚肉は出していないようです。

英 They don't serve pork here.
ゼイ ドウント サーヴ ポーク ヒア

仏 Ils ne servent visiblement pas de porc dans ce restaurant.
イル ヌ セルヴ ヴィジブルマン パ ドゥ ポール ダン ス レストラン

西 Parece que en este restaurante no sirven carne de cerdo.
パレセ ケ エン エステ レスタウランテ ノ シルベン カルネ デ セルド

☞ここでもう一言。

相手方の国の言葉でどうぞ。

私 乾杯！

英 Cheers! / Good health!
チアーズ グッド ヘルス

仏 Santé !
サンテ

西 Salud!
サル

Chapter 2 さらにもてなす会話
記念写真

(カメラを持って誰か探しているようです)

私 そのカメラで写真を撮ってあげましょうか？

英 Shall I take your picture wth your camera?
シャル アイ テイク ユア ピクチャー ウィズ ユア キャメラ

仏 Vous voulez que je vous prenne en photo avec cet appareil photo ?
ヴ ヴレ ク ジュ ヴ プレンヌ アン フォト アヴェック セタパレーユ フォト

西 ¿Le tomo una foto con esa cámara?
レ トモ ウナ フォト コン エサ カマラ？

私 もう少し真ん中に寄ってください。

英 Please come closer to the center.
プリーズ カム クロウサー トゥー ザ センター

仏 Resserrez-vous un peu au centre s'il vous plaît.
ルセレ ヴ アン プ オ サントル シル ヴ プレ

西 ¿Podrían juntarse un poco más?
ポドリアン フンタルセ ウン ポコ マス

私 笑ってください。1でシャッター押します。3、2、1！

英 Please smile. / Say "Cheese"!
プリーズ スマイル セイ チーズ

I'll count three and press the shutter. Three, two, one!
アイル カウント スリー アンド プレス ザ シャッター スリー トゥー ワン

仏 Souriez.À un,trois,deux,un !
スリエ ア アントルワ ドゥ アン

西 Sonrían. Presionaré el botón cuando llegue a uno.
ソンリーアン プレシオナレ エル ボトン クアンド イェゲ ア ウノ

¡Tres, dos, uno!
トレス ドス ウノ

You もう1枚お願いします。

英 Take another picture, please.
テイク　アナ(ザ)　　ピクチャー　　プリーズ

仏 Encore une, s'il vous plaît.
アンコール　ウヌ, シル　ヴ　　プレ

西 Una más por favor.
ウナ　マス　ポル　ファボル

私 もちろん、もう一度笑って！3、2、1！

英 Sure. / Certainly. Smile again. Three, two, one!
シュア　　サータンリー　　スマイル　アゲイン　(ス)リー　トゥー　ワン

仏 Bien sûr, souriez ! Un, deux, trois !
アン　スール　スリエ　　アン　ドゥ　トルワ

西 No hay problema. ¡Una vez más, sonrían, 1, 2, 3!
ノ　アイ　プロブレマ　　ウナ　ベス　マス　ソンリアン　ウノドストレス

☞ ここでもう一言。

撮った写真を確認してみましょう。

私 これでいいですか？

英 Is this okay?
イズ(デ)ィス　オウケイ

仏 Ça va comme ça ?
サ　ヴァ　コム　サ

西 ¿Está bien así?
エスタ　ビエン　アシ

Essay

アメリカ・テキサス・カレッジステーションにて

　1970年代のお話です。アメリカに初めて住むことになり、ダラスでDC10から小型機に乗り換え、カレッジ・ステーションという小さな町の飛行場に降り立ちました。人口は3万人程度。しかし軍から資金提供のある大学なのでリッチです。「ハウディ！」と勢いよく挨拶するのが学生たちの流儀でした。

　この街に第一歩をしるしてからわずか3日後に、ショッピングモールで白人の老婦人が私に近づいてきました。「どこの国から来たのですか？」と訊かれると思っていました。しかし彼女の質問はまったく予想もしないものでした。

　「すみません、クリーマリーに行きたいんですけど・・・・」と道案内を乞われたのです。何で私に道を訊くの？　私はここではエトランジェ（étranger：フランス語で外国人の意味）なんですけど。第一、クリーマリーなんてものがあることも存じません。丁寧に、事情をお話して、お詫びしました。

　さすが人種のるつぼの国ですね。私たちも意を決して、外国の方に「すみませーん」と道案内をお願いしてみては？　どんな展開になるか楽しみです。

　ちなみにクリーマリー（creamery）とは、『牛乳屋さん』のようなミルク製品を扱っているショップでした。

Chapter 2　さらにもてなす会話
観光案内1　スカイツリー

（観光してみたい場所を訊きます）

私　日本でどこか行ってみたい場所はありますか？

英　Is there anywhere you would like to visit?

仏　Est-ce qu'il y a un endroit que vous voulez visiter au Japon ?

西　¿Hay algún lugar en Japón que quisiera visitar?

You　決まっていません、おすすめの場所はありますか？

英　I can think of no particular place. Where would you recommend?

仏　Je n'ai pas décidé. Est-ce qu'il y a un endroit que vous me conseillez ?

西　Ninguno en particular. ¿Me podría recomendar algún lugar?

私 東京スカイツリーはどうですか？

英 How about Tokyo Sky Tree?
ハウ　　アバウト　トウキョウ　スカイ　トゥリー

仏 Vous connaissez la tour Tokyo Skytree ?
ヴ　　コネセ　　　　ラ　テゥール トキョ　スカイテゥリ

西 ¿Qué le parece el Tokyo Skytree?
ケ　　レ　パレセ　　エル トキオ　スカイトリ

私 高さ６３４メートルの塔で３５０メートルのところに展望台があります。

英 This tower is 634 meters high and has an
ディス タウアー　イズ　スィックスハンドゥレッドアンド　サーティーフォー ミーターズハイアンド ハズアン

observatory at the height of 350 meters.
オブザーヴァトリー　アット　ザ ハイト オヴ スリー ハンドゥレッド アンド フィフィティー ミーターズ

仏 C'est une tour de six cent trente-quatre mètres de haut avec une
セ　　　ウヌ　テゥール ドゥシ　サン　　トラントゥカトル　メトル　　ドゥ オ　アヴェック ウヌ

plateforme d'observation à trois cent cinquante mètres de haut.
プラトフォーム　ドブセルヴァシオン　　ア トルワ サン　　サンカントゥ　メトル　　ドゥ オ

西 Es una torre de 634 metros de altura,
エス ウナ トレ デ セイスシエントス トレインタイクアトロ メトロス デアルトゥラ

y cuenta con un mirador a la altura de 350 metros.
イクエンタ　コン　ウン ミラドル　　アラ アルトゥラ デトレスシエントス　シンクエンタ　メトロス

私 その後に浅草へも行ってみてはどうでしょうか？

英 Perhaps you'd like to go to Asakusa afterwards.
パーハップス　ユード　　　ライク トゥー ゴウトゥー アサクサ　　　アフターワーズ

仏 Et après pourquoi ne pas visiter le quartier d'Asakusa ?
エ　アプレ　プルクワ　　　ヌ　パ　ヴィジテル　カルティエ　ダサクサ

西 Luego podría visitar Asakusa. ¿Qué le parece?
ルエゴ　　ポドリア　ビシタル　アサクサ　　ケ　　レ　パレセ

96

☞ ここでもう一言。

オススメの理由を教えてあげましょう

私 浅草には『浅草寺』という有名なお寺があります。

英 There's a famous temple called Sensoji in Asakusa.
　　ゼアズ　ア　フェイマス　テムプル　コールド　センソウジ　イン　アサクサ

仏 Il y a un temple célèbre à Asakusa, le temple d'Asakusa.
　　イリヤ　アン　タンプル　セレーブル　ア　アサクサ　ル　タンプル　ダサクサ

西 En Asakusa hay un templo famoso llamado "Sensoji".
　　エン　アサクサ　アイ　ウン　テンプロ　ファモソ　ジャマダド　センソジ

Essay

一介の主婦、海外で奮闘

「Why? さっきまでいたんだけどな」と言いながら、体格の良い数人の Texan たちがやってきました。彼らはカウボーイハットが大好きです。"Black spider?" と私。確かに先ほどまで、アパートメントの通路に大人のこぶし大のグロテスクなクモがはいつくばって居たのです。私は1歳のヨチヨチ歩きの子供をつれており、直感的に危険を感じて大きな石で上からつぶしてしまいました。「What? 何てことするんだ。勝手にそんなことするなよ。タランチェラは専門家に捕まえてもらわなきゃ危ないんだぞ！」ということで、アメリカに着いた翌日の私はこっぴどく叱られてしまいました。聞くところによれば跳びかかることもある毒グモとのこと。やっつけたのはお手柄ではなかったのでした。

車なしでは生きてゆけないテキサス。どんなポンコツでもよいから、住むところが決まったら、次は車です。当時流行っていた赤いVWビートル（中古）にしました。しばらくすると、後ろの排気ガスが小爆発。2度3度と起こるので夫が修繕を頼みました。しかし、直りません。3度目の修繕は私が交渉に行きました。「こんなこと、日本ではありえません。この車、返品します。お金返してください」テーブルをドン！

テキサスは亜熱帯で暑いのです。ディーラーのおじさん社長はタラタラ汗を流しながら、「今度はちゃんと直しますよ」

「1週間新車のビートルを無料提供します」と約束してくれました。

そして本当に直してくれたのです。原因は、排気ガスのマフラーの上側に穴があいて、リアエンジンを加熱していたとのことでした。本場のアメリカ人相手でも、ちゃんと勝てるんですね。

　このグローバリズムの世の中。海外生活をしている日本人の家族は相当数にのぼると思います。海外で優雅に過ごすだけだとよいのですが、何かと身近なところで問題が発生するものです。それを全部ご主人やその属する組織に解決してもらっている女性もおられるかもしれません。そのような境遇に恵まれなかった私。問題解決に腕まくりです

　渡米1年後、新築のアパートに引っ越すことになりました。オープンする4月1日の朝に出て行くと伝えてあるのに、3月27日から「早く出て行って」と管理人のケイが矢の催促。ついに29日にやってきてそっくり返り、「明日出て行かないと、31日の分は一日分余分にいただくからね！」なんですって、"Why?"
　「(ビ) コーズ、1ヶ月は30日を旨とする。ゆえに31日はExtra dayなのである」これを聞いて、私は突然余裕がでたのです。フーン、「That's interesting. それじゃあ、2月は2日分返してくれるんですか？」ケイは真っ赤な顔をして引き上げて行きました。

Chapter 2 さらにもてなす会話
観光案内2 マンガ・アニメ

（相手がマンガやアニメに興味を持っています）

You 私はマンガ・アニメが好きなのですが、

オススメの場所はありますか？

英 I love Japanese comic *manga* and Japanese anime. Where do you recommend me to visit for them?

仏 J'aime les mangas et les dessins animés japonais. Vous pouvez me conseiller un endroit où aller ?

西 Me encantan los manga y los anime. ¿Conoce algún lugar que me pueda recomender?

私 マンガ・アニメの専門店がある秋葉原や

中野にはすでに行きましたか？

英 Have you already been to Akihabara and Nakano where there are lots of stores specializing in *manga* and anime?

仏 Est-ce que vous êtes déjà allé(e) à Akihabara ou à Nakano où il y a beaucoup de magasins spécialisés dans les mangas et les dessins animés ?

西 ¿Ya ha visitado Akihabara y Nakano que son los lugares donde se encuentran las tiendas especializadas en manga y anime?

You 昨日行って、満喫しました。

英 Yes, I went there yesterday and enjoyed them very much.

仏 J'y suis allé(e) hier et je me suis bien amusé(e).

西 Sí, ayer fui. Lo disfruté mucho.

私 それなら、お台場にある等身大のガンダムの立像を観に行ってはどうでしょう。

英 Then, how about Odaiba where a life-size statue of Mobile Suit Gundam is exhibited?

仏 Alors pourquoi ne pas aller voir la statue taille réelle d'un robot de Gundam à Odaiba ?

西 En ese caso, ¿qué le parece Odaiba?, allí podrá ver estatuas de tamaño natural de Gundam.

私 もしくは、三鷹にあるジブリ美術館はいかがですか？

英 Or, the Ghibli Museum in Mitaka may be a good choice.
オア ザ ジブリ ミューズィアム イン ミタカ メイ ビ ア グッド チョイス

仏 Ou alors vous pouvez aussi aller au musée Ghibli à Mitaka.
ウ アロール ヴ プヴェ オシ アレ オ ムゼ ジブリ ア ミタカ

西 O si lo prefiere, también hay un museo Ghibli en Mitaka.
オ シ ロ プレフィエレ タンビエン アイ ウン ムセオ ジブリ エン ミタカ

☞ **ここでもう一言。**

趣味が合うようです

私 私もアニメが大好きなんです。

英 I'm a big fan of anime, too.
アイム ア ビッグ ファン オヴ アニメ トゥー

仏 Moi aussi j'adore les dessins animés.
ムワ オシ ジャドール レ デサン アニメ

西 A mí también me encanta el anime.
ア ミ タンビエン メ エンカンタ エル アニメ

Essay

おもてなし Part 3

訪日外国人がレストランで着席してすぐにびっくりすることが二つあります。

一つ目は、「おしぼり」です。最近はプラスチックパックのものもありますが、蒸しタオル風おしぼりは、なんといっても最高のおもてなしのひとつではないでしょうか。日本は湿気が多く、バイ菌が繁殖しやすいと言う事情もあるでしょうが、「いらっしゃいませ」といって出されるおしぼりほど嬉しいものはありません。

二つ目は「おしぼり」の次に出される「お茶」です。洋風レストランではこれらが出ないことが多いですが、従来型レストランでは、「いらっしゃいませ」、「どうぞ」の心がおしぼりとお茶に表れています。ぜひこれからも続けてほしいものです。

ただ、出されたお茶をみて、あわてて「私は頼んでいません」と否定する外国の方をみたことがあります。"Japanese tea is served free of charge."、と説明してあげると、「ワンダフル！」と驚かれました。日本人にとっては当たり前のことでも、日本旅行の思い出のひとつとして話題になること請け合いです。

Chapter 2 さらにもてなす会話
観光案内 3　歌舞伎

（相手が歌舞伎に興味を持っています）

You 歌舞伎はどこで観ることができますか？

英　Where can I see *kabuki*?

仏　Où est-ce que je peux voir du kabuki ?

西　¿Dónde se pueden ver funciones de Kabuki?

私 歌舞伎は銀座にある歌舞伎座などで観ることができます。

英　You can see *kabuki* at the Kabukiza Theater in Ginza, among other theaters.

仏　Vous pouvez voir du kabuki au théâtre de kabuki à Ginza mais aussi dans d'autres quartiers.

西　Puede ver funciones de Kabuki en el Teatro Kabuki de Ginza, por ejemplo.

🔵私　現在の歌舞伎座は2013年に建て替えが終わりました。

🟢英　The old theater was totally rebuilt in 2013.
ズィ オウルド ズィアター ワズ トウタリー リビルト イン トウウェンティー サーティーン

🔴仏　Le théâtre de Ginza a fini d'être rénové en 2013.
ル テアトル ドゥ ギンザ ア フィニ デットル レノヴェ アンドゥ ミル トレーズ

🟡西　El teatro está especializado en Kabuki y se terminó
エル テアトロ エスター エスペシアリサード エン カブキ イ セ テルミノー

de reconstruir en el 2013.
デ レコンストゥルイール エン エル ドス ミル トレセ

🔵私　影の権力者を意味する「黒幕」、美男子を意味する「二枚目」や、道化役を意味する「三枚目」など歌舞伎に由来する日本語はたくさんあります。

🟢英　There are lots of Japanese words that come from *kabuki*.
ゼアラー ロッツオヴ ジャパニーズ ワーズ ザット カム フロム カブキ

For example, *kuromaku* means a black curtain but it also
フォー イグザンプル クロマク ミーンズ ア ブラック カーテン バット イット オールソウ

means a person who has power behind the scenes, *nimaime*
ミーンズ ア パーソン フー ハズ パウアー ビハインド ザ スィーンズ ニマイメ

means the second page but also means a handsome man and
ミーンズ ザ セカンド ペイジ バット オールソウ ミーンズ ア ハンサム マン アンド

sanmaime means the third page and also a comic role.
サンマイメ ミーンズ ザ サード ペイジ アンド オールソウ ア コミック ロウル

🔴仏　Il y a beaucoup d'expressions en japonais qui viennent du
イリヤ ボク デクスプレシオン アン ジャポネ キ ヴィエンヌ デゥ

vocabulaire du kabuki, comme *kuromaku*, *nimaime*, ou *sanmaime*.
ヴォカブレール デゥ カブキ コム クロマク ニマイメ ウ サンマイメ

🟡西　Muchas palabras en japonés provienen del Kabuki. Por ejemplo
ムーチャス パラーブラス エン ハポネス プロビエネン デル カブキ ポル エヘンプロ

"Kuromaku" (el poder en las sombras) o "Nimaime" (un hombre
クロマク エル ポデール エンラス ソンブラス オ ニマイメ ウン オンブレ

atractivo) o "Sanmaime" (personaje comico).
アトラクティーボ オ サンマイメ ペルソナヘ コミコ

105

私 歌舞伎を演じているのは全員男性です。

英 *Kabuki* drama is performed by male actors only.
カブキ　　ドゥラマ　イズ　パフォームド　　バイ　メイル アクターズ　オウンリー

仏 Au kabuki, tous les acteurs sont des hommes.
オ　カブキ　　テューレ　アクトール　ソン　デ　ゾーム

西 Todos los que actúan en Kabuki son hombres.
トドス　ロス　ケ　アクトゥアン エン カブキ　ソン オンブレス

☞ **ここでもう一言。**

日本語がわからなくても大丈夫。

私 日本語がわからなくても英語のイヤホンガイドがあります。

英 They have an English audio guide service, so you can
ゼイ　ハヴ　アン イングリッシュ オーディオ ガイド　サーヴィス　ソウ ユー　キャン
enjoy *kabuki* even if you don't understand the Japanese
エンジョイ カブキ イーヴン イフ ユー ドント　アンダースタンド　ザ　ジャパニーズ
language at all.
ラングウェッジ アットール

仏 Des écouteurs avec une traduction en anglais sont
デ　ゼクテュール　　アヴェック ウヌ トラデュクシオン アン アングレ　ソン
disponibles pour ceux qui ne comprennent pas le japonais.
ディスポニーブル　プール　ス　キ　ヌ　コンプレンヌ　　パ　ル　ジャポネ

西 Aunque no entienda japonés, hay audio-guías disponibles
アウンケ　ノ　エンティエンダ ハポネス　アイ　アウディオギ゛アス　ディスポニブレス
en inglés.
エン イングレス

Essay

言葉がわからず怖い目に

　昔、ヘレン・ケラー女史という有名なアメリカ人の障がい者がおられました。彼女の障がいは、盲、聾、唖の三つでした。話すことも、聞くことも、見ることもできません。

　サリヴァンさんという献身的な家庭教師により、ヘレンは一流の高等教育を受けることができました。存命中は日本にも講演に来られたそうです。

　ところで私も一度だけ、ヘレン・ケラーになったことがあるのです。パキスタンの古都ラホールで、ある医学の国際会議が開かれました。私は日本の先生方が委員会に出席されるときの通訳として同行していました。３０年前のことです。

　国際会議が終ってから、日本の方々と数人で観光にでかけ、有名なお寺を訪ねました。先生たちの後ろからお寺に入ろうとした私は、突然、群集に取り囲まれてしまったのです。私を指差して口々に何か叫んでいます。立て札を指差して、これを見ろといっているようでもあります。聞いたこともない言葉、多分ウルドゥー語にちがいありません。質問もできません。あまりの剣幕にこわくなって、乗って来た運転手つきの車まで走って逃げました。息を切らせて、今こんなことがあった、と訴えたところ、「ああ、すみません、事前に言うべきでした」と謝られました。「ということは、女人禁制のお寺なんですね」と尋ねたところ、答えは、「いいえ、その袖なしの服とスカートが・・・神様に失礼になる」と。そういえばバチカンでもおなじようなことがあったことを思い出しました。そのときはガイドさんが上着を貸してくれて、事なきをえたのです。

　ちゃんとその土地のルールや習慣などを調べないで、勉強不足のまま行くなんて、我ながら許せませんでした。無理やりお寺に入ろうとしたならば、もしかすると袋叩きに遭ったかもしれないのです。

　そのとき、つくづく「言葉がわかるかどうか」で運命も変わるのではないかと思いました。聞いてもわからない、字も読めない、自分からも質問できない。このような恐怖は二度と味わいたくないものです。

　海外に行くときは、最低限の言葉、その土地のタブーやルール、習慣などの情報を集めていくことをお勧めいたします。

Chapter 2　さらにもてなす会話
出迎え

（知り合いを空港で出迎えます）

私 日本へようこそ、お会いできて嬉しいです。

英 Welcome to Japan! I'm glad to meet you.
ウェルカム　　トゥー ジャパン　　アイム グラットゥー ミーチュー

仏 Bienvenu(e)(s) au Japon. Je suis très content(e) de vous voir. ※
ビアンヴヌ　　　　　オ　ジャポン　ジュ スイ　トレ　コンタン　　　ドゥ ヴ　ヴワール

西 Bienvenido a Japón. Es un placer volver a verle.
ビエンベニド　　ア ハポン　　エス ウン プラセル ボルベル ア ベルレ

※相手が一人の女性の場合は "Bienvenue"、男性を含めて数人の場合は
"Bienvenus"、女性だけの数人の場合は "Bienvenues" と書きます。
発音は変わりません。以下同様。

You 朝早いのに出迎えてくれてありがとう。

英 Thank you for coming to meet me so early in
Ⓢﾝｷｭｰ　　　フォー カミング　　トゥー ミートゥミー ソウ アーリー イン
the morning.
Ⓢ モーニング

仏 Merci de venir me chercher si tôt le matin.
メルシ　　ドゥ ヴニール ム　シェルシェ　　シ トー ル マタン

西 Gracias por venir a recogerme a estas horas de la
グラシアス　ポル　ベニル ア　レコヘルメ　　ア エスタス オラス デ ラ
mañana.
マニャナ

私 フライトはどうでしたか？

英 How was your flight?
ハウ　　ワズ　ユア　　フライト

仏 Comment s'est passé le vol ?
コマン　　　セ　　パセ　　ル ヴォル

西 ¿Qué tal estuvo el vuelo?
ケ　　タル エストゥボ エル ブエロ

You 到着予定が少し遅れましたが、少しでも寝ていたかったのでよかったです。

英 The plane was a bit delayed. But as I wanted to sleep as long as possible, it was nice for me.

仏 Il a eu un peu de retard mais ça m'a permis de dormir un peu.

西 El vuelo se retrasó un poco, pero lo aproveché para dormir un poco más.

私 それはよかったですね。この後予定は何かありますか？

英 I'm glad to hear that. Do you have any plans after this?

仏 Très bien. Vous avez prévu quelque chose pour maintenant?

西 Me alegro. ¿Cuáles son sus planes ahora?

☞ ここでもう一言。

長いフライトを気遣う一言。

私 時差ボケは大丈夫ですか？

英 Aren't you tired from jet lag?

仏 Vous supportez bien le décalage horaire ?

西 ¿No tiene problemas con la diferencia horaria?

Essay

国際引越し：米国からドイツへ

　アメリカで住んでいたところは、一番南のテキサス州でした。隣のメキシコはリオグランデ川をはさんで一衣帯水。メキシコ湾に面していることもあり、とにかく暑い。ほぼすべてのアパートメントにプールがあり、プールサイドは憩いの場でもありました。亜熱帯地方らしく、毒グモ、サソリ、ガラガラヘビなど、物騒な生き物もいるとは聞いていましたが、実際に自宅の壁にサソリがはりついているのをみたときは、恐怖で固まってしまいました。夫が顔や手をナイロン袋でガードして、ホウキでやっつけてくれました。

　1歳の子供をつれてプールに行くと、他の白人親子がいつの間にかいなくなります。はじめはなんとも思いませんでした。砂場に子供を連れて行くと、窓から母親が大きな声で「帰ってらっしゃい！」と自分の子供を呼ぶのです。子供たちを集めて誕生パーティを開いているところに遭遇してはじめて、私の子供が避けられていることがわかったのでした。テキサスは、いわゆる deep south といわれる典型的南部気質の州であり、いまだにカラード（有色）人種にとって住みにくい場所のようです。初めて友達になってくれた女性はメキシコ人の十代のママでした。だからといって不快な思いをしたわけではなく、冷淡に扱われたとは思いません。多くの人たちに親切にしてもらい、特に以前日本に住んでいたというコーベット夫妻は、まさに私たちの恩人です。

　日本に5年間住んでいて、どれほど多くの日本人にお世話になったか分からない、ということでした。私たちはその恩返しを受けた

のです。見も知らない日本の同胞たちの親切のおかげでした。親切や善意の輪廻ともいえるでしょう。

　さて、3年住んだアメリカを後にして、直接ドイツに引っ越しました。冬でもクーラーをつけているテキサスから、突然12月のドイツに引っ越すと、町の池が凍結して、子供たちがスケートをしていたのは驚きでした。場所は、オランダの国境から23ｋｍ入ったアイフェル山系の田舎町です。シンボルは国立原子力研究所で、町は研究所城下町。ドイツでは、ほとんど差別を受けたという記憶がありません。町を歩くと、おじいさんに呼び止められ、「日本は友達だ。ヒロヒト（昭和天皇）は元気か？」などと訊かれるのでした。よりによって動物園で「写真をとらせて」と頼まれたときは苦笑いでしたが。

　基礎的なドイツ語しか知らない私にとって、しばらくは言語で苦しむ毎日でした。子供たちは、これまで顔つきで言語を使い分けていたのが通用しなくなり、「なんで英語じゃないの？」とうろたえていました。しかしまもなく、英語、日本語、ドイツ語がOKになり、小学校ではアメリカからの転校生と日本からの転校生の間で通訳をするようになったのでした。

Chapter 2 さらにもてなす会話
別れの会話

(別れ際)

私 今日は楽しかったです。

英 I had a wonderful time today.
アイ ハダ ワンダフル タイム トゥデイ

仏 Je me suis bien amusé(e) aujourd'hui.
ジュ ム スイ ビアン アムゼ オジュルデュイ

西 Hoy me divertí mucho.
オイ メ ディベルティ ムチョ

You 私も。お会いできてよかった。

英 Me, too. I'm happy I could meet you.
ミー トゥー アイム ハッピー アイ クド ミーチュー

仏 Moi aussi. Je suis très content(e) d'avoir pu vous voir.
ムワ オシ ジュ スイ トレ コンタン/コタントゥ ダヴワール プ ヴ ヴワール

西 Yo también. Me ha gustado mucho verle.
ジョ タンビエン メ ア グスタド ムチョ ベルレ

私 明日はどういう予定ですか？

英 What are your plans for tomorrow?
ワット アー ユア プランズ フォー トゥモーロウ

仏 Qu'est-ce que vous avez prévu pour aujourd'hui ?
ケス ク ヴ アヴェ プレヴ プール オジュルデュイ

西 ¿Cuáles son sus planes para mañana?
クアレス ソン スス プラネス パラ マニャナ

（予定が決まっていないようです）

私 少し遠いですが高尾山も人気のスポットです。

英 It's a bit far off but Mt.Takao is a popular spot.
イッツ ア ビット ファー オフ バット マウント タカオ イズ ア ポピュラー スポット

仏 C'est un peu loin mais le mont Takao a beaucoup de succès
セタン プ ロアン メ ル モン タカオ ア ボク デゥ スクセ
ces derniers temps.
セ デルニエ タン

西 Está un poco alejado de aquí, pero el monte Takao es un
エスタ ウン ポコ アレハド デ アキ ペロ エル モンテ タカオ エス ウン
lugar que goza de mucha popularidad.
ルガル ケ ゴサ デ ムチャ ポプラリダ

私 さようなら、よい旅を続けてください。

英 Good-bye. Have a nice trip!
グッバイ ハヴァ ナイス トゥリップ

仏 Au revoir. Profitez bien du reste de votre voyage.
オ ルヴワール プロフィテ ビアン デゥ レストゥ ドゥ ヴォトル ヴワヤージュ

西 Adiós, y siga disfrutando de su viaje.
アディオス イ シガ ディスフルタンド デ ス ビアヘ

☞ **ここでもう一言。**

会話を楽しむことができました。

私 あなたとお話ができて楽しかったです。

英 It's been wonderful talking with you.
イッツ ビン ワンダフル トーキング ウィ(ズ) ユー

仏 Je suis content(e) d'avoir discuté avec vous.
ジュ スイ コンタン / コンタントゥ ダブワール ディスクテ アヴェック ヴ

西 Fue un placer hablar con usted.
フエ ウン プラセル アブラル コン ウステ

113

Chapter 2　さらにもてなす会話
自宅に招く 1　玄関

(知り合いを自宅に招きました)

私 日本では玄関で靴を脱ぎます。

英 In Japan, you take off your shoes at the entrance to houses.

仏 Au Japon, on enlève nos chaussures dans l'entrée.

西 En Japón nos sacamos los zapatos en la entrada de la casa.

私 日本へ来る外国人が戸惑うことの一つかもしれません。

英 This may be one of the most unfamiliar customs in Japan for overseas visitors.

仏 Ça peut-être paraître un peu bizarre pour les étrangers.

西 Es posible que esta costumbre desconcierte a los extranjeros que visitan Japón.

You ええ、知っていますよ。どの家庭でも必ず脱ぐのですか？

英 I know that is the custom. Does every family observe that custom?

仏 J'avais déjà entendu parler de cette habitude. Est-ce qu'on doit enlever nos chaussures dans toutes les maisons ?

西 Sí, lo sé. ¿Se sacan los zapatos en todas las casas?

私 そうですね、私の知っている限り脱ぎます。

英 Yes. As far as I know, every family does so.
イエス アズ ファー アズ アイ ノウ エヴリ ファミリー ダズ ソウ

仏 Je pense oui. Enfin pour ce que j'ai vu en tout cas.
ジュ パンス ウイ アンファン プール ス ク ジェ ヴ アン トゥ カ

西 Sí, hasta donde yo sé, todos se sacan los zapatos.
シ アスタ ドンデ ジョ セ トドス セ サカン ロス サパトス

私 日本では会社に行っても靴を脱いでスリッパやサンダルに履き替える人もいますよ。

英 In Japan, some people take off their shoes and change to slippers or sandals when they work in the office.
イン ジャパン サム ピープル テイク オフ ゼア シューズ アンド チェインジ トゥ スリッパーズ オア サンダルズ ウェン ゼイ ワーク イン ズィ オフィス

仏 Certaines personnes enlèvent leurs chaussures même au travail et mettent des chaussons ou des sandales.
セルテーヌ ペルソンヌ アンレヴ ルール ショスール メム オ トラヴァユ エ メットゥ デ ショソン ウ デ サンダル

西 En Japón, hay personas que se sacan los zapatos y calzan zapatillas en sus oficinas de trabajo.
エン ハポン アイ ペルソナス ケ セ サカン ロス サパトス イ カルサン サパティジャス エン ス ス オフィシナス デ トラバホ

> ☞ **ここでもう一言。**
>
> 説明の前に靴を履いたまま、家に上がってしまいました。
>
> **私** 待って！ ここで靴を脱いでください。
>
> **英** Wait! Please take off your shoes here.
> ウェイト プリーズ テイク オフ ユア シューズ ヒア
>
> **仏** Attendez s'il vous plaît. Vous devez enlever vos chaussures ici.
> アタンデ シルヴゾレ ヴ デゥヴェ アンルヴェ ヴォ ショスール イシ
>
> **西** ¡Espere! Sáquese los zapatos aquí por favor.
> エスペレ サケセ ロス サパトス アキ ポル ファボル

Chapter 2 さらにもてなす会話
自宅に招く 2　部屋

（自宅に泊まることになりました）

私 ここがあなたの使う部屋です。自由に使ってください。

英 This is your room. Please make yourself at home.

仏 C'est la pièce où vous allez dormir. Faites comme chez vous.

西 Esta es la habitación que va usar. Siéntase cómodo por favor.

私 後ろの押入れを開けると布団が入っています。

英 There is a closet behind and you'll find your mattresses in there.

仏 Il y a un futon dans le placard au fond.

西 En el armario trasero encontrará los futones.

私 寝るときは布団を敷いて寝てください。

英 Spread the mattresses on the floor when you sleep.

仏 Mettez le futon par terre quand vous voulez dormir.

西 Extienda el futón a la hora de dormir.

You シャワールームはどこですか？

英 Where is the shower room?
ウェア　イズ　(ザ)　シャウアー　ルーム

仏 Où est la salle de bain ?
ウ　エ　ラ　サル　ドゥ　バン

西 ¿Dónde está la ducha?
ドンデ　エスタ　ラ　ドゥチャ

私 玄関から2番目の扉を開けるとありますので使ってください。

英 Open the second door from the entrance of the house.
オウプン　(ザ)　セカンド　ドア　フロム　(ズ)ィ　エントゥランス　オヴ　(ザ)　ハウス

The shower room is there. Please use it as you like.
(ザ)　シャウアー　ルーム　イズ　(ゼ)ア　プリーズ　ユーズィット　アズ　ユー　ライク

仏 C'est la deuxième porte après l'entrée.
セ　ラ　ドゥジエム　ポールト　アプレ　ラントレ

西 La encontrará al abrir la segunda puerta desde la entrada.
ラ　エンコントララ　アル　アブリル　ラ　セグンダ　プエルタ　デスデ　ラ　エントラダ

☞ここでもう一言。

いろんな場面で相手を気遣う一言。

私 他にわからないことがあれば、訊いてください。

英 Please feel free to ask me any questions.
プリーズ　フィール　フリー　トゥー　アスク　ミー　エニー　クウェスチョンズ

仏 N'hésitez pas à venir me demander si vous avez la
ネジテ　パ　ア　ヴニール ム　デマンデ　シ　ヴ　アヴェ ラ

moindre question.
ムアンドル　ケスティオン

西 Si tiene alguna duda o pregunta no dude en preguntar.
シ　ティエネ　アルグナ　ドゥダ　オ　プレグンタ　ノ　ドゥデ　エン　ペレグンタル

117

Essay

おもてなし Part 4

レディーに対するおもてなし：レィディーズ・ファースト

　長期外国滞在から帰ってきたときにアラッと思うことのひとつに、日本の男性の強い優先意識があります。ちょっと大げさですが、「男のほうが偉いんだから、先に行くのは当然だ」といった態度に見えます。強い者は弱い者をいたわる必要がある、という紳士のマインドがないようです。それどころか、邪魔者扱いで突き飛ばされそうになることさえあります。

　ドアを開けて、どうぞ、と女性を先に通してあげてくださるようになると、日本のグローバル化も一歩前進。なにも女性を甘やかすことではなく、力の弱い者がドアの開閉で挟まれるなどの事故を防ぐ意味でも必要なことではないでしょうか。日本ではレディーと単数になっていますが、正しくは複数です。

　ところでお話は変わりますが、「ジェロメ」ってなんでしょうか？息子が4歳のとき、「ジェロメって何？」と質問してきました。「なんだろう？どこで聞いたの？」「レィディーズ　アン（ド）ジェロメって空港でよく言ってるよ」

　答えは"Gentlemen"だったのです！

Chapter 2　さらにもてなす会話
競技場

（自分の指定席に既に人が座っていました）

私　そこは私の指定席ですよ。

英　I have a reservation for that seat.
アイ ハヴァ　レザヴェイション　フォー ザット スィート

仏　Excusez-moi mais je crois que c'est ma place.
エクスクゼ　ムワ　メ　ジュ クルワ　ク　セ　マ　プラス

西　Disculpe, pero ese es mi asiento.
ディスクルペ　ペロ　エセ エス ミ　アシエント

You　すみません、チケットの席の番号を見間違えていました。

英　Oh, I'm sorry. I misread the seat number on the ticket.
オウ　アイム　ソーリー　アイ　ミスレッド　ザ　スィート ナムバー　オン　ザ　ティケット

仏　Excusez-moi, j'ai mal lu le numéro du siège sur le ticket.
エクスクゼ　ムワ　ジェ　マール ル　ル ヌメロ　デュ シエージュ スール　ル ティケ

西　Lo siento. Me equivoqué al mirar el número de asiento.
ロ　シエント　メ　エキボケ　アル ミラル　エル ヌメロ　デ　アシエント

私　ご自身の席の場所はわかりますか？　案内係を呼びましょうか？

英　Can you find your seat?　Shall I call the usher?
キャニュー　ファインドユア　スィート　シャル アイ コール ズィ アッシャー

仏　Vous arriverez à trouver votre place?
ヴ　アリヴレ　ア トルヴェ　ヴォットル プラス

Vous voulez que j'appelle un placeur?
ヴ　ヴレ　ク　ジャペル　アン プラスール

西　¿Sabe cuál es su asiento? ¿Llamo al encargado?
サベ　クアル エス ス アシエント　ジャモ　アル エンカルガド

119

You 大丈夫です。1 列前の席だったので。

英 No, thank you. I'm fine. My seat is in the row right in front.

仏 Ça va merci. C'est juste une rangée devant.

西 No hay problema. Mi asiento está en una fila anterior a ésta.

私 そうですか。観戦を楽しみましょうね。

英 Good. Let's enjoy watching the games.

仏 D'accord. Amusez-vous bien.

西 De acuerdo. Disfrutemos del encuentro.

☞ここでもう一言。

各国の言葉で声援を。

私 がんばれ！

英 Come on! / Go, go! / Hang in there!

仏 Allez !

西 Vamos ustedes pueden!

Essay

おもてなし Part 5

 70歳ともなれば、電車などの交通機関で席を譲っていただくことはまれではなくなりました。しかし、シニアや障がい者の方、妊婦さんなどが立ったままでおられると、ひと事とは思えず気がもめます。こんなとき、以前住んでいたドイツでは、「席を譲ってください」とハッキリたのむご老人を何度もみかけました。そうすると、お互いに後腐れがなくてよいではありませんか！　このドイツの習慣、日本にも輸入したいものです。

 オリンピックで東京に何万人も外国からの観客や旅行者が見えると、かなり公共の交通機関を利用されることになるでしょう。そんなとき、シニアや障がい者の方々には進んで席を譲れるような日本人でありたいものです。自分の親だったら、必ず譲るはずなのですから。そのときは、"Please."（プリーズ）の一言と笑顔も添えて。

Chapter 2 さらにもてなす会話
落し物

（前を行く人のバッグから何か落ちました）

私 今何かバッグから落ちましたよ。

英 You dropped something from your bag.

仏 Quelque chose est tombé de votre sac.

西 Se le cayó algo de su bolso.

You 浅草で買った家族へのお土産をここで失うところでした。

英 Oh, thank you. I was about to lose the souvenirs I bought for my family at Asakusa.

仏 J'ai failli perdre le cadeau pour ma famille que j'ai acheté à Asakusa.

西 Estuve a punto de perder los recuerdos que compré para mi familia en Asakusa.

私 バッグが開いたままです。

英 Your bag is still open.

仏 Votre sac était ouvert.

西 Su bolso está abierto.

You ありがとう、気が付きませんでした。

英 Thank you. I didn't notice it.
　サンキュー　　　アイ ディデゥント ノウティスィット

仏 Merci. Je n'avais pas remarqué.
　メルシ　ジュ ナヴェ　パ ル マルケ

西 Gracias. No me había dado cuenta.
　グラシアス　ノ　メ　アビア　ダド　クエンタ

私 気を付けて持って帰ってくださいね。

英 Please be careful and take your souvenirs safely back home.
　プリーズ　ビ　ケアフル　アンド　テイク ユア　スーヴェニアズ セイフリー　バック　ホウム

仏 Faites attention en rentrant chez vous.
　フェットゥ アタンシオン アン ラントラン シェ　ヴ

西 Tenga cuidado, por favor.
　テンガ　クイダド　ポル ファボル

☞ **ここでもう一言。**

さらに落し物があればこの一言。

私 これはあなたのものですか？

英 Is this yours, too?
　イズ ディス　ユアズ　トゥー

仏 Est-ce que c'est à vous ?
　エス　ク　セ タ ヴ

西 ¿Es esto suyo?
　エス エスト スヨ

Chapter 2 さらにもてなす会話
美容院

私 予約はされていますか？

英 Do you have a reservation?
ドゥー ユー ハヴァ レザヴェイション

仏 Vous avez pris rendez-vous ?
ヴ ザヴェ プリ ランデ ヴ

西 ¿Tiene cita?
ティエネ シタ

（どんな髪型にするか迷っています）

私 今日はどんな髪型にしますか？

英 How do you want your hair done today?
ハウ ドゥーユー ウォント ユア ヘア ダン トゥデイ

仏 Vous voulez quoi comme coiffure aujourd'hui ?
ヴ ヴレ クワ コム クワフール オジュルデュイ

西 ¿Qué corte de pelo desea hacerse?
ケ コルテ デ ペロ デセア アセルセ

私 このヘアカタログから選びますか？

英 How about choosing your hair style from this catalogue?
ハウ アバウト チューズィング ユア ヘア スタイル フロム ディス キャタログ

仏 Vous voulez choisir avec notre catalogue de coiffures ?
ヴ ヴレ シュワジール アヴェック ノットル カタローグ ドゥ クワフール

西 ¿Desea escoger de este catálogo?
デセア エスコヘル デ エステ カタロゴ

私 毛先を整えるだけでも、サッパリすると思いますよ。

英 Just trimming the ends would make a difference,
ジャスト トゥリミング ズィ エンズ ウッド メイカ ディファレンス
and you'll feel nice and refreshed.
アンド ユール フィール ナイス アンド リフレッシュト

仏 En taillant seulement les pointes, ça rafraîchira votre coiffure.
アン タイヤン スルマン レ プアント サ ラフレシラ ヴォットル クワフール

西 Aunque sólo sea cortarse las puntas, se sentirá más refrescado(a). ※
アウンケ ソロ セア コルタルセラス プンタス セ センティラ マス レフレスカド

※相手が男性の場合は "refrescado（レフレスカド）"、相手が女性の場合は
"refrescada（レフレスカダ）" と発音します。

You 決めました。

いま日本で流行っている髪型にしてもらえますか？

英 I've made up my mind.
アイヴ メイダップ マイ マインド
I'd like a hair style that is popular now in Japan.
アイド ライク ア ヘア スタイル ザット イズ ポピュラー ナウ イン ジャパン

仏 J'ai décidé.
ジェ デシデ
Faites-moi une coiffure à la mode en ce moment au Japon.
フェット ムワ ウヌ クワフール ア ラ モッドゥ アン ス モマン オ ジャポン

西 Ya me he decidido.
ヤ メ エ デシディド
¿Me podría hacer un peinado que esté de moda en Japón?
メ ポドリア アセル ウン ペイナド ケ エステ デ モダ エン ハポン

☞ ここでもう一言。

待ち時間が発生するときに

私 1時間ほど待ちますよ。

英 I'm sorry but you'll have to wait for one hour or so.
アイム ソーリー バット ユール ハヴ トゥー ウェイト フォー ワン アワー オア ソウ

仏 Il y a une heure d'attente.
イリヤ ウヌール ダタンットゥ

西 Tiene que esperar como una hora.
ティエネ ケ エスペラル コモ ウナ オラ

Chapter 2　さらにもてなす会話
衣料店

（男性が何か探しているようです）

私 いらっしゃいませ、どんなものをお探しですか？

英 May I help you? Are you looking for anything specific?
メイ　アイ ヘルプ ユー　　アー　　ユー　　ルッキング　フォー エニ(ス)ィング スペスィフィック

仏 Bonjour. Je peux vous aider ?
ボンジュール ジュ プ　　ヴ　　ゼデ

西 Hola. ¿Está buscando algo en especial?
オラ　　　エスタ ブスカンド　　アルゴ エン エスペシアル

You 私が着る、Tシャツを探しています。

英 I'm looking for a T-shirt for myself.
アイム ルッキング　　フォー ア ティーシャート フォー マイセルフ

仏 Je cherche des T-shirts pour moi.
ジュ シェルシュ デ　ティシュールトゥ プール ムワ

西 Estoy buscando una camiseta para mí.
エストイ ブスカンド　　ウナ カミセタ　　　パラ　ミ

私 男性のTシャツは2階に多く取り揃えています。案内します。

英 We have a variety of men's T-shirts on the second floor.
ウィー ハヴァ ヴァラエティー オヴ メンズ　ティーシャーツ オン (ザ) セカンド　　フロア

I'll show you the way.
アイル ショウ　ユー　(ザ)　ウェイ

仏 Notre collection de T-shirts pour homme est au deuxième
ノットル コレックシオン ドゥ ティシュールトゥ プール オム　エ　オ　ドゥジエム

étage. Je vais vous accompagner.
エタジュ ジュ ヴェ　ヴ　　アコンパニエ

西 En el segundo piso tenemos una gran variedad de camisetas
エン エル セグンド　　ピソ テネモス　ウナ グラン バリエダ　デ カミセタス

para caballero. Sígame, por favor.
パラ　　カバジェロ　　シガメ　　　ポル ファボル

You このTシャツが気になるのですが、ひとつ大きいサ
英　イズはありますか？

英　I like this T-shirt. Do you have it in one size larger?
アイ ライク ディス ティーシャート ドゥーユー ハヴィット イン ワン サイズ ラージャー

仏　J'aime bien ce T-shirt. Vous n'avez pas une taille au-dessus ?
ジェム ビアン ス ティシュールトゥ ヴ ナヴェ パ ウヌ タイユ オ ドゥス

西　Me gusta esta camiseta. ¿Tiene una talla más grande?
メ グスタ エスタ カミセタ ティエネ ウナ タジャ マス グランデ

私 こちらにあります。試着室もあるのでぜひお試しください。

英　Here it is. We have a fitting room. Please try it on.
ヒア イッティズ ウィー ハヴァ フィッティング ルーム プリーズ トゥライ イット オン

仏　Si, voilà. On a des cabines d'essayage si vous voulez.
シ ヴワラ オンナ デ カビヌ デセイヤジュ シ ヴ ヴレ

西　Aquí la tiene. También tenemos probadores, así que le recomiendo que se lo pruebe.
アキ ラ ティエネ タンビエン テネモス プロバドレス アシ ケ レ レコミエンド ケ セ ロ プルエベ

☞ **ここでもう一言。**

小売店でよく使う一言。

私 こちらのTシャツはいかがですか？

英　How about this T-shirt?
ハウ アバウト ディス ティーシャート

仏　Est-ce que ce T-shirt vous plairait ?
エス ク ス ティシュールトゥ ヴ プレレ

西　¿Qué le parece esta camiseta?
ケ レ パレセ エスタ カミセタ

127

Chapter 2　さらにもてなす会話
土産物屋

（お土産を決めかねています）

私 どんなものをお探しですか？

英 Are you looking for something?
　　アー　ユー　ルッキング　フォー　サム(ス)ィング

仏 Vous cherchez quel genre d'article ?
　　ヴ　シェルシェ　ケル　ジャンル　ダルティクル

西 ¿Está buscando algo en especial?
　　エスタ　ブスカンド　アルゴ　エン　エスペシアル

私 伝統的な、扇子はどうでしょうか。

英 How about a Japanese traditional folding fan?
　　ハウ　アバウト　ア　ジャパニーズ　トゥラディッショナル　フォウルディング　ファン

仏 Que diriez-vous d'un éventail traditionnel.
　　ク　ディリエ　ヴ　ダン　エヴァンタユ　トラディシオネル

西 ¿Qué le parecen los tradicionales abanicos?
　　ケ　レ　パレセン　ロス　トラディシオナレス　アバニコス

私 横へスライドさせて広げ、風を送ります。

英 You slide it open, and send the wind by waving it.
　　ユー　スライディット　オウプン　アンド　センド　(ザ)　ウィンド　バイ　ウェイヴィング　イット

仏 Il s'ouvre sur le côté et s'utilise comme cela.
　　イル　スーヴル　スール　ル　コテ　エ　スティリーズ　コム　サ

西 Se extiende por los lados y se puede abanicar.
　　セ　エクスティエンデ　ポル　ロス　ラドス　イ　セ　プエデ　アバニカル

You これは見たことないです。これに決めました。

英 This is something new to me. I'll take it.

仏 Je n'ai jamais vu un éventail comme celui-là.

Je vous en prends un.

西 No había visto nunca uno así. Me lo llevo.

私 扇子にはいろんな柄が描かれているので、

好きなものを選んでください。

英 There are many different pictures and patterns on the folding fans. Please choose the one you like.

仏 Nos éventails sont décorés avec de nombreux motifs différents. Choisissez celui que vous préférez.

西 Los abanicos tienen diferentes estampados, así que escoja el que más le guste.

☞ ここでもう一言。

「伝統的なもの」だけが日本のお土産ではありません。

私 伝統的なものと最新のものどちらがいいでしょう？

英 Which do you prefer the traditional one or the modern one?

仏 Vous préférez un objet traditionnel ou un objet récent ?

西 ¿Qué prefiere, cosas tradicionales o lo último y más moderno?

Chapter 2　さらにもてなす会話
緊急事対応

（地震が起きました）

私 地震です。揺れがおさまるまで机の下に隠れて、頭を守ってください。

英 It's an earthquake! Hide under the desk and protect your head until the shaking stops.

仏 C'est un tremblement de terre. Restez sous la table et protégez votre tête jusqu'à ce que les secousses s'arrêtent.

西 Es un terremoto. Manténgase debajo de la mesa y proteja su cabeza hasta que deje de temblar.

私 危険ですので窓から離れてください。

英 Stay away from windows! It's dangerous.

仏 Éloignez-vous des fenêtres, c'est dangereux.

西 Aléjese de las ventanas, es peligroso.

私 余震が続くかもしれません。

英 We are likely to have aftershocks.

仏 Il y aura peut-être d'autres secousses.

西 Puede que continúen los temblores.

私 ここから近い避難所は代々木公園です。

英 The nearby evacuation site is Yoyogi Park.
ザ ニアバイ エヴァキュエイション サイト イズ ヨヨギ パーク

仏 La zone la plus proche pour se mettre à l'abri est le parc de Yoyogi.
ラ ゾーヌ ラ プル プロシュ プール ス メットル アラブリ エル パルクドゥ ヨヨギ

西 El área de evacuación más cercana es el parque Yoyogi.
エル アレア デ エバクアシオン マス セルカナ エス エル パルケ ヨヨギ

私 津波がきています。高い場所に逃げて！

英 A tsunami is coming. Get away and run to higher ground!
ア ツナミ イズ カミング ゲッタウェイ アンド ラン トゥー ハイアー グラウンド

仏 Un tsunami arrive. Réfugiez-vous sur un endroit en hauteur.
アン ツナミ アリーヴ レフジエ ヴ スール アン アンドルワ アン オテゥール

西 Viene un tsunami. ¡Huya a un lugar alto!
ビエネ ウン ツナミ ウヤ ア ウン ルガル アルト

☞ここでもう一言。

心配する一言

私 怪我はありませんか？

英 Are you all right? / Are you hurt anywhere? / No injuries?
アー ユー オーライト アー ユー ハート エニウェア ノウ インジュリーズ

仏 Est-ce que vous êtes blessé(e) ?
エス ク ヴ ゼットゥ ブレセ

西 ¿Está herido(a)? ※
エスタ エリド

※相手が男性の場合は "herido（エリド）"、相手が女性の場合は "herida（エリダ）" と発音します。

Chapter 2　さらにもてなす会話
病院

私 どちらの具合が悪いのでしょう？

英 What seems to be the trouble? / What can I do for you?

仏 Où est-ce que vous avez mal ?

西 ¿Qué le duele?

私 海外旅行保険はかけていますか？

英 Do you have overseas travel insurance?

仏 Est-ce que vous avez une assurance voyage ?

西 ¿Tiene seguro de viaje internacional?

私 この問診票に必要事項を記入してください。

英 Please fill out this medical questionnaire.

仏 Remplissez ce questionnaire médical, s'il vous plaît.

西 Por favor, rellene esta ficha médica.

私 あなたの順番がきたら名前をお呼びしますので、

その後に診察室に入ってください。

英 I'll call your name when it's your turn.
Then, please come into the consultation room.

仏 On appellera votre nom quand ce sera votre tour.
À ce moment-là, venez dans la salle d'examen.

西 Cuando llegue su número le llamarán y podrá pasar al consultorio.

私 待っている間に気分が悪くなったらスタッフに声を掛けてください。

英 If you feel sick while waiting, please call the hospital staff.
イフ ユー フィール スィック ワイル ウェイティング プリーズ コール (ザ)ホスピタル スタッフ

仏 Adressez-vous au personnel si vous vous sentez
アドレセ ヴ オ ペルソネール シ ヴ ヴ サンテ

mal pendant que vous attendez.
マル パンダン ク ヴ アタンデ

西 Si se siente mal mientras espera su turno, llame al personal
シ セ シエンテ マル ミエントラス エスペラ ス トゥルノ ジャメ アル ペルソナル

médico.
メディコ

☞ここでもう一言。

大事には至らなかったようです。

私 すぐに良くなりますよ。

英 You'll get better soon.
ユール ゲット ベター スーン

仏 Vous vous sentirez vite mieux.
ヴ ヴ サンティレ ヴィットゥ ミウ

西 Se pondrá bien muy pronto.
セ ポンドラ ビエン ムイ プロント

133

Essay

フィーバーって病気なんです

　日本じゃ、サッカーの観客席でみんながカッカして応援しているようなときに、フィーバーという英語がでてきますが、実は本物のフィーバーだったら大変！

　立ち上がって大歓声を上げるどころではありません。フィーバーならば寝ていなくちゃならないんです。ハイ・フィーバーは「お熱を上げる」ではなくて、「高熱がでている」こと。安静にしてください。

　アメリカのテキサスで、お隣の日本人の坊やが高熱をだしました。病院に急送したところ、なんと看護婦さんがバスタオルを水にひたしてから、2歳の坊やの体に巻きました。
日本じゃ熱が出たら毛布で包むはずのところです。親がうろたえていると、「こうやって高熱をさますのです」とピシャリ！

　結果は肺炎にもならず、容態は落ち着きました。ところ変われば、とはこのことです。でも私には、怖くてできません。

Chapter 3

日本文化紹介

普段私たちが何気なくやっている習慣、日本の文化を外国人に説明するのは難しいことです。Chapter 3 では日本の習慣・文化を外国人に伝える言葉を集めました。

Chapter 3 日本文化紹介
お祭り

日本のお祭り

🇬🇧 Festivals in Japan

🇫🇷 Les festivals japonais

🇪🇸 Festivales en Japón

日本には各地に伝統的なお祭りがあります。

🇬🇧 In Japan, each region has its own traditional festival.

🇫🇷 Au Japon, chaque localité a son festival traditionnel.

🇪🇸 En Japón hay festivales tradicionales en las diferentes regiones.

その多くが、たくさんの人々で神輿を担ぐか山車を曳くお祭りです。

🇬🇧 Most of them are festivals where people carry portable shrines on their shoulders or pull floats.

🇫🇷 Dans la plupart d'entre eux, les festivaliers portent un palanquin ou tirent des chars.

🇪🇸 En muchos de esos festivales se celebran cargando los Mikoshi o santuarios portátiles o arrastrando los Dashi o carrozas.

英	……英語
仏	……フランス語
西	……スペイン語

夜になると、食べ物を出したり、さまざまなアトラクションが楽しめたりする夜店と呼ばれる店が開かれます。

英 When night comes, night stalls start to serve food or show various attractions to entertain you.

仏 Le soir venu, on installe des échoppes qui proposent de la nourriture et des attractions.

西 Al anochecer, puestos que ofrecen comidas o atracciones, llamados tiendas nocturnas, abren sus puertas para el deleite de los visitantes.

夏には浴衣と呼ばれる伝統的な着物を着て、お祭りを楽しみます。

英 In summertime, people wear traditional Japanese summer *kimono* called *yukata* and enjoy the festival.

仏 En été, les gens s'habillent souvent en kimonos légers traditionnels, les *yukata*, pour aller aux festivals.

西 En verano, las personas visten tradicionales kimonos llamados Yukata para disfrutar de los festivales.

お盆とは、7月か8月に行う先祖の霊をまつる風習です。

🇬🇧 The *Bon* festival in July or August is a traditional event to worship the souls of ancestors.

🇫🇷 Obon est la fête traditionnelle où l'on rend hommage aux esprits des ancêtres et a lieu en juillet ou en août.

🇪🇸 El festival de Obón, que se lleva a cabo entre Julio y Agosto, es un festival en el cual se veneran los espíritus de los ancestros.

8月のお盆は、多くの人が故郷に帰る時期でもあります。

🇬🇧 The *Bon* festival in August is also the time when many people go back to their home towns.

🇫🇷 C'est aussi à l'occasion de la fête de Obon du mois d'août que beaucoup de Japonais retournent dans leur ville natale.

🇪🇸 En la época del festival de Obón que se celebra en agosto, mucha gente regresa a sus pueblos natales.

Essay

和式・洋式：お風呂の場合

　ドアを開けたところ、そこに見たこともない洋式便器がデンとあったら・・・。日本人は少なからずうろたえたはずです。50年前には、「アッ！」と驚いて慌てて出てきた人たちがかなりいたに違いありません。だって、当時にしてみれば便器かどうかさえわからないような形でしたから。

　いまや、どちらかというと和式トイレのほうが敬遠される世の中になってしまいました。日本人の生活は洋風化の一途をたどっているのです。お風呂もしかり。木桶や鉄（＊）のお風呂なんてよほど古い住宅にしかないのでは？

　でも、待ってください。日本人の浴室には、バスタブの外側に体を洗うための洗い場が必ずついています。西洋ではほとんどの場合そのような場所はなく、その代わりにバスマットが敷いてあるだけです。カーテンをひいた閉鎖的スペースで体も洗わなくてはなりません。小柄な私にとっても、それは狭っ苦しくてやりにくい作業でした。おまけに湯があふれたりしたら大変なことに！　その点、日本の和洋折衷風呂場のほうが助かりますね。

　最近はあまりないでしょうが、お風呂に入る順番がときとして問題になるのも、外国の人には理解できないものではないかと思います。それというのも日本では風呂桶に湯を張ると、何人も同じお湯につかるからです。

　あるとき、友人が裸んぼになってガラリと風呂場に入ったところ、なんとお湯が空っぽで震え上がったそうです。「さては！」直前に入った従姉妹はアメリカ生まれ、アメリカ育ち。日本に里帰りしてお風呂に入り、出るときに栓を抜いてしまったというわけでした。外国の方にはこの点もお教えしたほうがよいかもしれません。

（＊）鉄製のお風呂は五右衛門（ごえもん）風呂といわれていました。ヘルメットのような形で、お湯につかるには木製の丸い筏のようなものにうまく乗って沈めないと火傷になる恐れがありました。

Chapter 3 日本文化紹介
温泉・お風呂

日本の温泉・お風呂

英 Japanese Hot Spring and Bath
ジャパニーズ　ホット　スプリング　アンド　バス

仏 Les sources chaudes et les bains japonais
レ　スールス　ショードゥ　エ　レ　バン　ジャポネ

西 Fuentes de aguas termales y baños en Japón
フエンテス　デ　アグアステルマレス　イ　バニョス　エン ハポン

温泉は日本の各地に湧いています。

英 We have a lot of hot springs throughout Japan.
ウィー　ハヴァ　ロット オヴ　ホット スプリングズ　スルーアウト　ジャパン

仏 On trouve des sources chaudes dans chaque région du Japon.
オン テゥルーヴ　デ　スールス　ショードゥ　ダン　シャック　レジオン デゥ ジャポン

西 Hay fuentes de aguas termales en las diferentes zonas de Japón.
アイ　フエンテス デ　アグアス テルマレス　エン ラス　ディフェレンテス　ソナス デ　ハポン

日本は湿度が高く、昔からお風呂につかるという習慣があります。

🇬🇧 As the humidity is quite high in Japan, soaking in the bath is an age-long custom.

🇫🇷 À cause de la forte humidité de l'air au Japon, les Japonais ont eu en tout temps la coutume de prendre des bains.

🇪🇸 En Japón la humedad es alta y desde tiempo antiguo los japoneses disfrutan de la cultura de tomarse largos baños.

体を清潔にするという目的のほか、リラックスするためにお風呂に入ります。まず身体を洗ってから湯船につかってください。

🇬🇧 The purpose of taking a bath in Japan is not only to wash our bodies but also to relax. You must wash yourself outside the bathtub first, and then get into the bathtub.

🇫🇷 En plus que pour laver le corps, on prend des bains aussi pour se détendre. On ne doit entrer dans le bain qu'après s'être lavé.

🇪🇸 Tomarse un baño sirve para lavarse el cuerpo, pero también para relajarse. Primero Lávese el cuerpo, y luego entre en la bañera.

温泉につかりながら、四季それぞれの風景や自然を楽しむことがとてもリラックスできるのです。

🇬🇧 It is very relaxing to look at the scenery and nature of the seasons while soaking leisurely in a hot spring.

🇫🇷 Il est en effet très facile de se détendre en contemplant les paysages et la nature changeant suivant les saisons plongé dans un bain.

🇪🇸 Disfrutar de la naturaleza y los paisajes de las diferentes estaciones mientras se está bañando en fuentes de aguas termales es de lo más relajante.

たいていの宿泊施設には共同浴場があります。

🇬🇧 Most accommodation has public baths.

🇫🇷 On trouve des installations de bains publiques dans presque tous les hôtels ou les auberges.

🇪🇸 En la mayoría de los establecimientos con fuentes de aguas termales cuentan con baños colectivos.

私は雪が降る中でつかる温泉が好きです、なおかつ海を観られる場所なら最高です。

英 I love to have a long soak in a hot spring when the snow is falling outside. If it's a place where you can also overlook the sea, that's great, too.

仏 J'aime beaucoup prendre un bain dans une source chaude quand il neige. Et si je peux en plus contempler la mer, c'est encore mieux.

西 Me gusta relajarme en una fuente con aguas termales mientras está nevando, y lo disfruto mucho más si desde allí se puede ver el mar.

Chapter 3　日本文化紹介
相撲観戦

相撲観戦

英　*Watching Sumo Games*

仏　Assister au Sumo

西　Viendo encuentros de Sumo

相撲は元々神事として始まりました。

英　Originally, *sumo* started as a Shinto ritual.

仏　Le sumo était à l'origine une cérémonie religieuse.

西　El Sumo empezó primeramente como un ritual.

横綱・大関など上位の力士は最後に登場します。

英　High ranking *sumo* wrestlers such as grand champion *Yokozuna* and champion *Ozeki* appear at the end.

仏　Les lutteurs des plus hauts rangs, tels que Yokozuna et Ozeki, combattent en dernier.

西　Los luchadores de alto rango como el Yokozuna y Ozeki aparecen al final del torneo.

塩を撒く理由は、土俵を清めるためです。

🇬🇧 The reason they toss salt is to purify the *sumo* ring.

🇫🇷 Ils lancent du sel sur le ring pour le purifier.

🇪🇸 La razón para tirar la sal es para purificar el ring.

力士が足を上げて踏み下ろす仕草は、邪気を払うためだと言われています。

🇬🇧 A *sumo* wrestler raises his leg, and stamps it down hard on the ring. This action is said to chase away evil spirits.

🇫🇷 On dit que le geste caractéristique des lutteurs qui est de lever une jambe puis de la laisser tomber lourdement sert à se débarrasser des mauvaises intentions.

🇪🇸 Se dice que el movimiento de los luchadores de levantar la pierna y de pisar fuerte es para sacudir los malos espíritus.

ルールは簡単です。相手の力士の足の裏以外の身体のどこかを地面につけるか、土俵の外に出すと勝ちです。

英 *Sumo* rules are simple. When the opponent is pushed out of the ring or touches its surface with anything but the soles of his feet, the wrestler wins the match.

仏 Les règles des combats sont simples. Pour gagner, un lutteur doit faire toucher le sol à une partie du corps autre que la plante du pied au lutteur adverse, ou le faire sortir du ring.

西 La regla es muy simple. Gana el que logre hacer que cualquier parte del cuerpo de su oponente, excepto el pie, toque el suelo, o si logra sacarlo del ring.

1990年代から外国人力士が増え、ハワイとモンゴル出身の横綱も誕生しています。

英 The number of non-Japanese wrestler has increased since the 1990's, and some Hawaiian-born and Mongolian-born wrestlers have been promoted to *Yokozuna*.

仏 Depuis les années 90, le nombre de lutteurs étrangers est en augmentation. Il y a même des Yokozuna nés à Hawaï ou en Mongolie.

西 Luchadores extranjeros han aumentado desde la época de los 90, y ya ha habido Yokozuna de Hawai y Mongolia.

Chapter 3　日本文化紹介
神社にお参り

神社にお参り

英　Visiting a Shrine

仏　Visitent aux lieux de culte

西　Visitas a los santuarios

お寺は仏教の施設で、神社は神道の施設です。

英　A temple is a Buddhist facility and a shrine is a Shinto facility.

仏　Les temples sont des lieux de culte bouddhistes et les sanctuaires sont des lieux shintos.

西　Los templos son budistas y los santuarios son sintoístas.

日本では自然にあるもの全てに神様が宿ると信じられてきました。

英　In Japan, deities called *kami* are believed to reside in every natural object.

仏　Au Japon, on croit que tous les êtres naturels renferment un dieu.

西　En Japón se cree que se halla un dios en todas las cosas de la naturaleza .

神社では通路の真ん中は歩かないようにします。

英 You are not supposed to walk in the center of the approach to a shrine.

仏 Dans les sanctuaires, les gens ne marchent pas au milieu des chemins.

西 En un santuario sintoísta no se debe andar por el medio del camino.

それは神様の通る道だからです。

英 That is because the center of the approach is the road for the deities.

仏 C'est parce que c'est le chemin emprunté par les dieux.

西 Porque se dice que ése es el camino de los dioses.

まず手水舎でひしゃくに水を満たし両手と口を清めます。

英 First, you fill the ladle with water at a sort of roofed washbasin called a *chozuya*, and rinse your hands and mouth with that water to purify yourself.

仏 On doit d'abord se purifier les deux mains et la bouche avec de l'eau du pavillon d'ablutions puisée avec une louche traditionnelle.

西 Primeramente, en la fuente conocida como Chozuya se deben purificar las dos manos y la boca utilizando el cucharón de palo que se encuentra allí.

神社では基本的に、二回のお辞儀、二回の拍手、一回お辞儀をします。

英 You bow twice, clap hands twice and bow once when you worship at a shrine.

仏 Ensuite on rend en général hommage au dieu au pavillon principal en saluant deux fois en se penchant en avant, en tapant deux fois dans les mains, puis saluant une dernière fois.

西 En un santuario sintoísta básicamente se presentan los respetos con dos reverencias, dos palmadas y una reverencia.

Essay

みんなちがって、みんないい。

　タイトルは大正時代の薄幸の詩人、金子みすゞの詩「わたしと小鳥とすずと」より引用させていただきました。この詩中の一行は、差別やいじめはいけませんよと静かになだめているように、私には聞こえます。差別やいじめは古今東西、どこでも見られる現象です。なんとか教育で変えられないものでしょうか。

　以前、ある高等学校から『異文化理解』について話をするようにとの依頼が舞い込みました。易しいようでとても難しいテーマであり、扱いづらいことこの上なしです。しかし、オリンピックを前にして、避けられない重要課題でもあるのです。ホテルに入れてもらえないなど、外国で思いがけない差別にさらされた経験のある私は、それを予防する必要性も痛感しています。

講演の準備でまず思い浮かべたことは、異文化を英語でどういうか、でした。
　単純に、different culture で OK のようです。
　異文化 = different culture

　しかし、この両方を等号で結ぶには少々抵抗がありませんか？つまり、日本語の「異」は、単に different ではなさそうな雰囲気をかもし出しているのです。我々の「異」は、ときとして different よりも strange に近い。ただ違うだけでなく、異物が混入したというときの「異」の含みがついて回るように感じるのは私だけでしょうか？

　「異」のついた言葉を捜してみると、まず異性が思い浮かびます。それは受け入れやすいとしても、一方で異郷、異国、異人種、異義、異論、異教徒、異彩、異質、異臭、異常、異端、異変、異聞、異分子、異様などあり、なんとなく避けたくなるものが多い。何万年も島国に住んで、天然の鎖国を享受していた日本国民ならではの性向なのかもしれません。

　オリンピック・パラリンピックともなれば、世界各国から千客万来です。せっかく来日された皆さまに満足していただくためにも、閉鎖性はとりはらい、積極的に異文化に接する機会を手にいれ、丁寧な対応、温かい接客に努めて、相手に喜んでいただくことが肝心と思います。
　生物多様性（bio-diversity）や文化の多様性（cultural diversity）を経験し、この際、広い心を涵養できれば最高です。外国で差別にあい、自分が東洋人であることを思い知った私ではありますが、アメリカでも欧州でも、多くの親切な方々に助けていただきました。そのご恩は忘れられません。
　そしてドイツから帰国する日、近所のドイツ人の子供たちが泣きながら車のあとを全力で追っかけてきた光景が、すべての嫌な思い出を吹き飛ばしてくれたのでした。

Chapter 3　日本文化紹介
お箸の持ち方

二本のうち上の一本は親指と人差し指と中指ではさみます。

英 Hold one chopstick with the thumb, the index finger and the middle finger.

仏 On tient la baguette du dessus avec le pouce, l'index et le majeur.

西 De los dos palillos, el que va arriba se agarra entre los dedo pulgar, índice y medio.

一本目はペンの持ち方に似ています。

英 This is like holding a pen.

仏 Les doigts sont disposés un peu comme sur un stylo.

西 La forma de agarrar el primer palillo se parece mucho a la forma de agarrar un bolígrafo.

残りの一本は親指と人差し指の間を通って、薬指で固定します。

英 Put the other chopstick between the bottom of the thumb and the index finger and hold it with the ring finger.

仏 La deuxième baguette se place entre le pouce et l'index, et est maintenue par l'annulaire.

西 El otro palillo se agarra entre los dedos pulgar e índice y se fija con el dedo anular.

こんな風に持ってください。

- 英 Look, I will show you.
  ルック アイ ウィル ショウ ユー

- 仏 Les baguettes doivent être tenues de cette manière.
  レ バゲットゥ ドワーヴ エットル テュヌ ドゥ セットゥ マニエール

- 西 De esta manera.
  デ エスタ マネラ

上の箸の先を上下させて食べ物をつかんで口に運びます。

- 英 You move up and down the tip of the chopstick above
  ユー ムーヴ アップ アンド ダウン ザ ティップ オヴ ザ チョップスティック アバヴ
  and grasp food and bring it to your mouth.
  アンド グラスプ フード アンド ブリング イット トゥー ユア マウス

- 仏 Les aliments sont saisis en bougeant la baguette du dessus
  レ アリマン ソン セジ アン ブジャン ラ バゲットゥ デュ ドゥス
  de haut en bas, puis l'aliment est amené à la bouche.
  ドゥ オタン バ プイ ラリマン エ アムネ アラ ブーシュ

- 西 La punta del palillo de arriba se mueve hacia arriba y hacia abajo
  ラ プンタ デル パリジョ デ アリバ セ ムエベ アシア アリバ イ アシア アバホ
  para tomar el bocado y llevarlo a la boca.
  パラ トマル エル ボカド イ ジェバルロ ア ラ ボカ

下の箸は動かしません。

- 英 You don't move the stick below.
  ユー ドウント ムーヴ ザ スティック ビロウ

- 仏 La baguette du bas ne bouge pas.
  ラ バゲットゥ デュ バ ヌ ブージュ パ

- 西 El palillo de abajo no se mueve.
  エル パリジョ デ アバホ ノ セ ムエベ

153

Chapter 3 日本文化紹介
花見

花見

🇬🇧 Cherry Blossom Viewing

🇫🇷 Fleurs de cerisier

🇪🇸 Festival de las flores

多くの日本人にとって春は待ち遠しい季節です。

🇬🇧 For many Japanese people, spring is the season they eagerly wait for.

🇫🇷 Beaucoup de Japonais attendent la venue du printemps avec impatience.

🇪🇸 Para muchos japoneses la estación más esperada es la primavera.

桜が咲く頃になると人々は、公園などの木の下に集まって食べたり飲んだりします。

🇬🇧 When cherry blossoms bloom, people gather in parks and the like, and enjoy eating and drinking under the flowering cherry trees.

🇫🇷 Lorsque les cerisiers fleurissent au début du printemps, les Japonais se rassemblent dans les parcs sous ces arbres pour manger et boire.

🇪🇸 Cuando los cerezos empiezan a florecer, la gente se reune al pie de los árboles en los parques para comer y beber.

外国人にとっては奇妙な光景に映るかもしれませんね。

英 It may look strange to foreigners.

仏 La vue de toutes ces personnes rassemblées dans les parcs peut parfois paraître étrange aux étrangers.

西 Tal vez estas escenas les parezcan extrañas a los extranjeros.

卒業と入学の時期に咲く桜は日本人にとって特別な花なのです。

英 Cherry blossoms are very special for Japanese people. That is because they bloom in the happy season when young ones enter or graduate from school.

仏 Ces fleurs de cerisier qui fleurissent à la fin de l'année scolaire et à l'époque de la rentrée universitaire japonaise ont un sens particulier pour les Japonais.

西 Para los japoneses las flores de cerezo tienen un significado especial, ya que el cerezo florece en la época de las ceremonias de graduación, así como la de inauguración de las escuelas.

桜が咲いているのは10日前後と短く、そのはかなさに人生のはかなさを連想して美を感じる人もいます。

🇬🇧 Cherry blossoms are in full bloom only for 10 days or so, and some people find beauty in their ephemerality associating it with the fragility of life.

🇫🇷 Les cerisiers restent en fleur seulement une dizaine de jours. Pour beaucoup des personnes, l'esthétique réside aussi dans cet aspect éphémère qui rappelle l'existence humaine.

🇪🇸 Los cerezos florecen durante un período muy corto, de aproximadamente 10 días. Hay personas que sienten la belleza en esta corta existencia, que ven como una metáfora de la vida.

日本の桜は「ソメイヨシノ」という品種が最もポピュラーです。

🇬🇧 *Somei-yoshino* is the most popular species of Japanese flowering cherries.

🇫🇷 Le cerisier qui est le plus apprécié pour ses fleurs au Japon est le cerisier Yoshino.

🇪🇸 La especie de cerezo más popular en Japón es el Someiyoshino.

Chapter 4

挨拶集

コミュニケーションの第一歩は挨拶。これは万国共通です。この Chapter では主な挨拶を集めました。

Chapter 4
挨拶集

こんにちは

- 英 Hello! / How are you?
  ハロー　　　　ハウ　アー　ユー
- 仏 Bonjour
  ボンジュール
- 西 Hola / Buenas tardes
  オラ　　ブエナス　　タルデス

おはよう

- 英 Good morning
  グッモーニング
- 仏 Bonjour
  ボンジュール
- 西 Buenos días
  ブエノス　　ディアス

こんばんは

- 英 Good evening
  グッディーヴニング
- 仏 Bonsoir
  ボンスワール
- 西 Buenas noches
  ブエナス　　ノチェス

おやすみなさい

- 英 Good night
  グッナイト
- 仏 Bonne nuit
  ボンヌ　ヌイ
- 西 Buenas noches
  ブエナス　　ノチェス

はじめまして

- 英 How do you do?
  ハウ　　ドゥーユー　ドゥー
- 仏 Enchanté(e)
  アンシャンテ
- 西 Mucho gusto
  ムチョ　　　グスト

ようこそ

- 英 Welcome
  ウェルカム
- 仏 Bienvenu(e)(s)
  ビアンヴヌ
- 西 Bienvenido(a) ※
  ビエンベニド

※相手が男性の場合は
"bienvenido（ビエンベニド）"、
相手が女性の場合は
"bienvenida（ビエンベニダ）"
と発音します。

英	……英語
仏	……フランス語
西	……スペイン語

おめでとう

- 英 Congratulations! ※
  コング<u>ラ</u>チュレイションズ
- 仏 Félicitations
  フェリシタシオン
- 西 Enhorabuena
  エンオラブエナ

※複数形を使います

ありがとう

- 英 Thank you
  ㊙ ンキュー
- 仏 Merci
  メルシ
- 西 Gracias
  グラシアス

どういたしまして

- 英 You are welcome / Not at all
  ユー　アー　ウェルカム　　　　ノッタットール
- 仏 Je vous en pris
  ジュ　ヴ　ザン　プリ
- 西 De nada
  デ　ナダ

ごめんなさい

- 英 I'm sorry
  アイム ソーリー
- 仏 Excusez-moi
  エクスクゼ　ムワ
- 西 Perdón / Lo siento
  ペルドン　　ロ　シエント

どうぞお先に

- 英 After you / Please go ahead
  アーフター ユー　　プリーズ　　ゴウ アヘッド
- 仏 Après vous
  アプレ　ヴ
- 西 Después de usted
  デスプエス　デ　ウステ

さようなら

- 英 Good-bye / So long
  グッバイ　　　　　ソウ　ロング
- 仏 Au revoir
  オ　レヴワール
- 西 Adiós
  アディオス

Essay

ご挨拶は万国共通？

　日本では、知らない人とすれ違っても挨拶はいたしません。たまに朝のゴミだしのときに通りがかった人に「おはようございます」と言ってみることがあるのですが、それも相手が女性のときに限ります。反応はさまざまです。だからアメリカに住むことになって最初にビックリしたことのひとつに、「ハーイ！」というすれ違い時の挨拶がありました。知らない人なので、思わず見回してみましたが、私しかいません。次第に私も「ハーイ！」とか、短く「ハイ！」と言うようになりました。工事現場のおじさんにも毎朝挨拶していたら誤解されてしまって・・・。ニコニコ度が問題なのかもしれませんね。

　住んでいたのはテキサスですから、他の州のことはわかりませんが、カレッジ・ステーションという町の小児科クリニックに行ってみると、待合室で皆さんが「ハーイ！」と迎えてくれて、楽しくお話ができました。ところが順番が来て前の人が帰る段になると、そばを通っても知らんぷり。「お先に」とか「お大事に」などという挨拶がないのです。私が挨拶しようとしてもにべもなく、ビックリでした。それならはじめから知らんぷりでもいいのに・・・。なぜ見知らぬ人と出会ったら、まず「ハーイ（Hi!）」とか「ヘロー（Hello!）」と挨拶するのでしょう？

　ある解釈では、それは西部開拓時代の名残であって、見知らぬ人

に出あったらまず警戒、挨拶して様子見、大丈夫そうなら会話、し かし町を離れるときは「はいさようなら」というわけでは？とのこと。 そうかもしれません。アメリカ人の多くの人たちが、ニッコリして いるようでも、それは口の形だけで、目つきは笑っていないことが 多いのです。しっかり相手を観察している目ともいえます。お国柄 や歴史の反映された結果でしょうか。

　アメリカからドイツに引っ越してすぐにお肉屋さんやパン屋さん に食料を買いに行きました。コンパクトにまとまった小さな町なの で、車なしでは飢え死にしそうなアメリカとは違って、だいたい徒 歩圏内にお店があるのでした。そして初めて遭遇したドイツ人の女 店員たちの笑顔。目も三日月型に細めてくれて、嬉しそうに注文を とるのです。この人たち、本当に笑っている、と思ったのでした。 ドイツでは、「ハイ」という気軽な挨拶はなくて、朝なら「グーテン・ モーゲン（おはよう）」、昼間なら「グーテン・ターク（こんにちは）」 です。それを略して、モーゲン、とかターク、なんて言っています。 道路ですれ違った見知らぬ人にやたらに挨拶することはありません でしたが、声をかけられたら返事をするのがやはり礼儀でしょうね。 ところ変われば、が挨拶ひとつにでも色濃く出ることが分かったの でした。

Appendices
単語集

	英	仏	西

交通

道路	road / street ロウド / ストリート	Rue ル	Camino カミノ
十字路	crossroad クロスロウド	Carrefour à quatre voies カルフール ア カトル ヴワ	Cruce クルセ
三叉路	three-forked road スリー フォークト ロウド	Croisement en y クルワズマン アン イグレック	Cruce en T クルセ エン テ
横断歩道	pedestrian crossing ペデストゥリアン クロッスィング	Passage pour piétons パサージュ プール ピエトン	Cruce peatonal クルセ ペアトナル
信号	traffic light(signal) トゥラフィックライト(スィグナル)	Feu フ	Semáforo セマフォロ
曲がり角	corner コーナー	Tournant テゥルナン	Esquina エスキナ
歩道橋	pedestrian bridge ペデストゥリアン ブリッジ	Passerelle pour piétons パスレール プール ピエトン	Puente peatonal プエンテ ペアトナル
橋	bridge ブリッジ	Pont ポン	Puente プエンテ
登り坂	upward slope / uphill アップワード スロウプ / アップヒル	Côte コットゥ	Subida スビダ
下り坂	downward slope / downhill ダウンワード スロウプ / ダウンヒル	Descente デサントゥ	Bajada バハダ

方角

右／左	right / left ライト / レフト	Droite / Gauche ドルワットゥ / ゴーシュ	Derecha / Izquierda デレチャ / イスキエルダ

	英 ……英語
	仏 ……フランス語
	西 ……スペイン語

	英	仏	西
まっすぐ	straight ストゥレイト	Tout droit テゥー ドルワ	Recto レクト
前方	forward / ahead / front フォーワード / アヘッド / フロント	Vers l'avant ヴェール ラヴァン	Delantera デ ランテラ
後方	backward / behind バックワード / ビハインド back バック	Vers l'arrière ヴェール ラリエール	Trasera トラセラ
東	east イースト	Est エストゥ	Oeste オエステ
西	west ウェスト	Ouest ウエストゥ	Este エステ
南	south サウス	Sud スッドゥ	Sur スル
北	north ノース	Nord ノール	Norte ノルテ

乗り物

	英	仏	西
飛行機	airplane エアプレイン	Avion アヴィオン	Avión アビオン
遊覧船	sightseeing boat サイトゥスィーイング ボウト	Bateau de plaisance バト ドゥ プレザンス	Bote turístico ボテ トゥリスティコ
船	boat / ship ボウト / シップ	Bateau バト	Barco バルコ
タクシー	taxi タクスィー	Taxi タクシ	Taxi タクシ
地下鉄	subway / underground サブウェイ / アンダーグラウンド	Métro メテュロ	Metro メトロ

Appendices
単語集

	英	仏	西
路線バス	bus バス	Bus de ville ブス ドゥ ヴィール	Autobús local アウトブス ロカル
観光バス	sightseeing bus サイトウスィーイング バス	Car de tourisme カール ドゥ テゥリズム	Autobús turístico アウトブス トゥリスティコ
快速	rapid ラピッド	Train rapide トラン ラピッドゥ	Tren rápido Kaisoku トレン ラピド カイソク
急行	express エクスプレス	Train express トラン エクスプレス	Tren rápido Kyuko トレン ラピド キュコ
特急	limited express リミティッド エクスプレス	Train super express トラン スペール エクスプレス	Tren rápido Tokkyu トレン ラピド トクキュ
乗り換え	change / transfer チェインジ / トゥランスファー	Changement シャンジュマン	Cambio de trenes カンビオ デ トレネス

緊急時

	英	仏	西
交番	police box / KOBAN ポリースボックス / コウバン	Poste de police ポストゥ ドゥ ポリス	Puesto de policía プエスト デ ポリシア
病院	hospital ホスピタル	Hôpital オピタル	Hospital オスピタル
総合病院	general hospital ジェネラル ホスピタル	Hôpital général オピタル ジェネラール	Hospital general オスピタル ヘネラル
内科	internal medicine インターナル メディスン	Médecine interne メドゥシヌ アンテルヌ	Medicina interna メディシナ インテルナ
外科	surgery サージェリー	Chirurgie シルルジ	Cirugía シルヒア
歯科	dentistry デンティストゥリー	Médecine dentaire メドゥシンヌ ダンテール	Dentista デンティスタ

	英	仏	西
眼科	ophthalmology オフサルモロジー	Ophtalmologie オフタルモロジ	Oculista オクリスタ
救急車	ambulance アムビュランス	Ambulance アンブランス	Ambulancia アンブランシア

施設

	英	仏	西
公園	park パーク	Parc パルク	Parque パルケ
徒歩	on foot オン フット	Marche マルシュ	A pie / Caminando アピエ / カミナンド
トイレ	rest room / toilet レストゥルーム / トイレット lavatory / washroom ラヴァトリー / ウォシュルーム bathroom バスルーム	Toilettes トワレットゥ	Servicio / Baño セルビシオ / バニョ
コンビニエンスストア	convenience store コンヴィニエンス ストア	Supérette スペレットゥ	Tienda de conveniencia ティエンダ デ コンベニエンシア
スーパーマーケット	supermarket スーパーマーケット	Supermarché スペルマルシェ	Supermercado スペルメルカド
駅	station ステイション	Gare / Station ※ ガール / スタシオン	Estación エスタシオン

※電車の場合は gare、地下鉄の場合は station です。

	英	仏	西
喫茶店	tearoom / coffee shop ティールーム / コーフィーショップ cafe キャフェイ	Café カフェ	Café カフェ
博物館	museum ミューズィアム	Musée ムゼ	Museo ムセオ
美術館	art museum / art gallery アート ミューズィアム / アート ギャラリー	Musée d'art ムゼ ダール	Museo de arte ムセオ デ アルテ
スタジアム	stadium ステイディアム	Stade スタッドゥ	Estadio エスタディオ

Appendices
単語集

	英	仏	西
階段	stairs ステアーズ	Escalier エスカリエ	Escalera エスカレラ
エスカレーター	escalator エスカレイター	Escalier mécanique エスカリエ メカニック	Escalera mecánica エスカレラ メカニカ
エレベーター	elevator エレヴェイター	Ascenseur アサンスール	Ascensor アスセンソル
地下街	underground mall アンダーグラウンド モール	Galerie souterraine ガルリ ステレーヌ	Galería subterránea ガレリア スブテラネア
地下道	underpass アンダーパス	Passage souterrain パサージュ ステラン	Pasaje subterráneo パサヘ スブテラネオ
アーケード	arcade アーケイド	Galerie marchande ガルリ マルシャンドゥ	Galería comercial ガレリア コメルシアル
郵便局	post office ポウスト オフィス	Poste ポストゥ	Oficina de correos オフィシナ デ コレオス
ポスト	mail box / post box メイル ボックス / ポウスト ボックス	Boîte aux lettres ブワット レットル	Buzón de correos ブソン デ コレオス
車いす	wheel chair ウィール チェアー	Chaise roulante シェーズ ルラントゥ	Silla de ruedas シジャ デ ルエダス
喫煙所	smoking area スモウキング エアリア	Espace fumeur エスパス フムール	Lugar para fumadores ルガル パラ フマドレス

季節

春	spring スプリング	Printemps プランタン	Primavera プリマベラ
夏	summer サマー	Été エテ	Verano ベラノ

	英	仏	西
秋	fall / autumn フォール / オータム	Automne オトンヌ	Otoño オトニョ
冬	winter ウィンター	Hiver イヴェール	Invierno インビエルノ

観光

	英	仏	西
山	mountain マウンテン	Montagne モンタニュ	Montaña モンタニャ
海	sea / ocean スィー / オウシャン	Mer メール	Mar マル
湖	lake レイク	Lac ラック	Lago ラゴ
森	forest / woods フォレスト / ウッズ	Forêt フォレ	Bosque ボスケ
温泉	hot spring ホット スプリング	Source chaude スールス ショードゥ	Fuentes con aguas termales フエンテス コン アグアス テルマレス
ホテル	hotel ホウテル	Hôtel オテル	Hotel オテル
お土産	souvenir スーヴェニア	Souvenir スヴニール	Recuerdos / Souvenirs レクエルドス / スベニル
神社	shrine シュライン	Sanctuaire shinto サンクテュエール シント	Santuario sintoísta サントゥアリオ シントイスタ
寺院	temple テムプル	Temple bouddhiste タンプル ブディストゥ	Templo budista テンプロ ブディスタ

Appendices
単語集

	英	仏	西

家族

家族	family ファミリー	Famille ファミーユ	Familia ファミリア
父	father ファーザー	Père ペール	Padre パドレ
母	mother マザー	Mère メール	Madre マドレ
兄	older (elder) brother オウルダー（エルダー）ブラザー	Grand frère グランフレール	Hermano mayor エルマノ マヨル
弟	younger brother ヤンガー ブラザー	Petit frère プティフレール	Hermano menor エルマノ メノル
姉	older (elder) sister オウルダー（エルダー）スィスター	Grande sœur グランド スール	Hermana mayor エルマナ マヨル
妹	younger sister ヤンガー スィスター	Petite sœur プティットスール	Hermana menor エルマナ メノル
夫	husband ハズバンド	Mari マリ	Esposo エスポソ
妻	wife ワイフ	Femme ファーム	Esposa エスポサ
息子	son サン	Fils フィース	Hijo イホ
娘	daughter ドーター	Fille フィーユ	Hija イハ
孫	grandchild グランドチャイルド	Petit-fils / Petite-fille / プティ フィース / プティットゥフィーユ Petits-enfants プティ ザンファン	Nieto ※ ニエト ※男性の場合。女性の場合は "Nieta（ニエタ）"。

	英	仏	西
義理の	in-law インロー	Beau- / Belle- ボ / ベル	※

※スペイン語に当たる「義理の」という表現がありません。「義理の父」は"Suegro（スエグロ）"、「義理の母」は"Suegra（スエグラ）"、「義理の姉もしくは妹」は"Cuñada（クニャダ）"、「義理の兄もしくは弟」は"Cuñado（クニャド）"。

	英	仏	西
父方の祖父	grandfather on the father's side グランドファーザー オンザ ファーザーズ サイド	Grand-père paternel グランペール パテルネール	Abuelo paterno アブエロ パテルノ
父方の祖母	grandmother on the father's side グランドマザー オンザ ファーザーズ サイド	Grand-mère paternelle グランメール パテルネール	Abuela paterno アブエラ パテルノ
母方の祖父	grandfather on the mother's side グランドファーザー オン ザ マザーズ サイド	Grand-père maternel グランペール マテルネール	Abuelo materno アブエロ マテルノ
母方の祖母	grandmother on the mother's side グランドファーザー オンザ マザーズ サイド	Grand-mère maternelle グランメール マテルネール	Abuela materno アブエラ マテルノ
叔父・伯父	uncle アンクル	Oncle オンクル	Tío ティオ
叔母・伯母	aunt アーント	Tante タントゥ	Tía ティア

その他

	英	仏	西
趣味	hobby ホビー	Loisir ルワジール	Pasatiempo / Hobby パサティエンポ / ホビ
特技	special skills / forte スペシャル スキルズ / フォールト	Talent particulier タラン パルティクリエ	Habilidad especial アビリダ エスペシアル
仕事	work / job / profession ワーク / ジョブ / プロフェッション	Travail トラヴァーユ	Trabajo トラバホ

Appendices
単語集

	英	仏	西

食事

朝食	breakfast ブレクファスト	Petit-déjeuner プティ デジュネ	Desayuno デサユノ
昼食	lunch ランチ	Déjeuner デジュネ	Almuerzo アルムエルソ
夕食	dinner ディナー	Dîner ディネ	Cena セナ
牛肉	beef ビーフ	Viande de bœuf ヴィアンドゥ ドゥ ブーフ	Carne de vaca カルネ デ バカ
豚肉	pork ポーク	Viande de porc ヴィアンドゥ ドゥ ポール	Carne de cerdo カルネ デ セルド
鶏肉	chicken チキン	Viande de poulet ヴィアンドゥ ドゥ プレ	Carne de pollo カルネ デ ポジョ
魚	fish フィッシュ	Poisson プワソン	Pescado ペスカド
野菜	vegetable ヴェジタブル	Légumes レグム	Verdura ベルドゥラ
ご飯	rice ライス	Riz リ	Arroz アロス
焼く	roast / broil / grill ロウスト / ブロイル / グリル	Griller グリエ	Asar アサル
煮る	boil / cook ボイル / クック	Bouillir ブイール	Hervir エルビル
揚げる	deep fry ディープ フライ	Frire フリール	Freír フレイル

	英	仏	西
炒める	saute / shaloow fry ソウテイ / シャロウ フライ	Faire sauter フェール ソテ	Saltear サルテアル
炊く	boil / cook ボイル / クック	Cuire クイール	Cocinar コシナル
蒸す	steam スティーム	Cuire à la vapeur クイール ア ラ ヴァプール	Cocer al vapor コセル アル バポル
フルーツ	fruit フルート	Fruits フルイ	Frutas フルタス
デザート	desert デザート	Dessert デセール	Postre ポストレ
香辛料	spice スパイス	Épices エピス	Especias エスペシアス
酒類	liquor / alcoholic drink リカー / アルコホーリック ドゥリンク	Boissons alcoolisées ブワソン アルコリゼ	Bebidas alcohólicas ベビダス アルコオリカス
おいしい	tasty / delicious テイスティー / デリシャス	Bon ボン	Delicioso デリシオソ
レストラン	restaurant レストラント	Restaurant レストラン	Restaurante レスタウランテ
乾杯	toast トウスト	Santé サンテ	Salud サル
メニュー	menu メニュー	Menu ムヌ	Menú メヌ
休業日	holiday / closed day ホリデイ / クロウズド デイ	Jour(s) de fermeture ジュール ドゥ フェルムテゥール	Cerrado セラド
予約する	reserve リザーヴ	Faire une réservation フェール ウヌ レゼルヴァシオン	Reservar レセルバル

Appendices
単語集

	英	仏	西

オリンピック種目

オリンピック選手	Olympic athlete オリムピック ア(ス)リート	Athlète(s) olympique(s) アトレトゥ オランピック	Seleccionado olímpico セレクシオナド オリンピコ
開会式	opening ceremony オウプニング セレモニー	Cérémonie d'ouverture セレモニ デゥヴェルテゥール	Ceremonia de apertura セレモニア デ アペルトゥラ
閉会式	closing ceremony クロウズィング セレモニー	Cérémonie de clôture セレモニ ドゥ フェルムトゥール	Ceremonia de clausura セレモニア デ クラウスラ
近代五種	modern pentathlon モダーン ペンタ(ス)ロン	Pentathlon moderne パンタトロン モデルヌ	Pentatlón moderno ペンタトロン モデルノ
トライアスロン	triathlon トゥライア(ス)ロン	Triathlon トリアトロン	Triatlón トリアトロン
ゴルフ	golf ゴルフ	Golf ゴルフ	Golf ゴルフ
ラグビー	rugby ラグビー	Rugby ルグビ	Rugby ルグビ
野球	baseball ベイスボール	Baseball ベズボール	Béisbol ベイスボル
ソフトボール	softball ソフトゥボール	Softball ソフトゥボール	Softball ソフトボル
陸上競技	athletics ア(ス)レティックス	Athlétisme アトレティズム	‾Atletismo アトレティスモ
水泳	swimming スウィミング	Natation ナタシオン	Natación ナタシオン
体操	gymnastics ジムナスティックス	Gymnastique ジムナスティック	Gimnasia ヒンナシア

	英	仏	西
フェンシング	fencing フェンスィング	Escrime エスクリーム	Esgrima エスグリマ
レスリング	wrestling レスリング	Lutte ルットゥ	Lucha ルチャ
ボクシング	boxing ボクスィング	Boxe ボクス	Boxeo ボクセオ
ウエイト リフティング	weight lifting ウェイトゥ リフティング	Haltérophilie アルテロフィリ	Levantamiento de pesas レバンタミエント デ ペサス
テコンドー	tae kwon do タイ クワン ドウ	Taekwondo タイクワンド	Taekwondo タエコンド
射撃	shooting シューティング	Tir ティール	Tiro ティロ
アーチェリー	archery アーチェリー	Tir à l'arc ティーラ ラールク	Tiro con arco ティロ コン アルコ
自転車競技	cycling サイクリング	Cyclisme シクリーズム	Ciclismo シクリスモ
ボート	rowing ロウィング	Aviron アヴィロン	Remo レモ
セーリング	sailing セイリング	Voile ヴワール	Vela ベラ
カヌー	canoe カヌー	Canoë-kayak カノエ カイヤク	Piragüismo ピラグイスモ
テニス	tennis テニス	Tennis テニス	Tenis テニス
サッカー	football フットゥボール	Football フットゥボール	Fútbol フトボル

Appendices
単語集

	英	仏	西
ホッケー	hockey ホッキー	Hockey sur gazon オケ スール ガゾン	Hockey ホッケイ
バスケットボール	basketball バスケットゥボール	Basket-ball バスケット ボール	Baloncesto ボロンセスト
バレーボール	volleyball ヴァリーボール	Volley-ball ヴォレ ボール	Voleibol ボレイボル
ビーチバレー	beach volleyball ビーチ ヴァリーボール	Beach-volley ビッチュ ヴォレ	Voleibol de playa ボレイボル デ プラヤ
ハンドボール	handball ハンドゥボール	Handball ハッドゥ バル	Balonmano バロンマノ
卓球	table tennis テイブル テニス	Tennis de table テニス ドゥ タブル	Tenis de mesa テニス デ メサ
バドミントン	badminton バドゥミントン	Badminton バッドゥミントン	Bádminton バドミントン
馬術	equestrian エクエストゥリアン	Sports équestres スポール エケストル	Equitación エキタシオン

数

	英	仏	西
0	zero ズィロウ	Zéro ゼロ	Cero セロ
1	one ワン	Un アン	Uno ウノ
2	two トゥー	Deux ドゥ	Dos ドス
3	three スリー	Trois トルワ	Tres トレス

	英	仏	西
4	four フォー	Quatre カトル	Cuatro クアトロ
5	five ファイヴ	Cinq サンク	Cinco シンコ
6	six シィクス	Six シス	Seis セイス
7	seven セヴン	Sept セットゥ	Siete シエテ
8	eight エイト	Huit ウイットゥ	Ocho オチョ
9	nine ナイン	Neuf ヌフ	Nueve ヌエベ
10	ten テン	Dix ディス	Diez ディエス
11	eleven イレヴン	Onze オンズ	Once オンセ
12	twelve トゥウェルヴ	Douze ドゥーズ	Doce ドセ
13	thirteen サーティーン	Treize トレーズ	Treize トレセ
14	fourteen フォーティーン	Quatorze カトールズ	Catorce カトルセ
15	fifteen フィフティーン	Quinze カンズ	Quince キンセ
16	sixteen スィクスティーン	Seize セーズ	Dieciséis ディエシセイス

Appendices
単語集

	英	仏	西
17	seventeen セヴンティーン	Dix-sept ディセットゥ	Diecisiete ディエシシエテ
18	eighteen エイティーン	Dix-huit ディズュイットゥ	Dieciocho ディエシオチョ
19	nineteen ナインティーン	Dix-neuf ディズヌフ	Diecinueve ディシヌエベ
20	twenty トゥウェンティー	Vingt ヴァン	Veinte ベインテ
30	thirty サーティー	Trente トラントゥ	Treinta トレインタ
40	forty フォーティー	Quarante カラントゥ	Cuarenta クアレンタ
50	fifty フィフティー	Cinquante サンカントゥ	Cincuenta シンクエンタ
60	sixty スィクスティー	Soixante スワサントゥ	Sesenta セセンタ
70	seventy セヴンティー	Soixante-dix ソワサントディス	Setenta セテンタ
80	eighty エイティー	Quatre-vingt カトルヴァン	Ochenta オチェンタ
90	ninety ナインティー	Quatre-vingt-dix カトルヴァンディス	Noventa ノベンタ
100	one hundred ワン ハンドゥレッド	Cent サン	Cien シエン
1,000	one thousand ワン サウザンド	Mille ミル	Mil ミル

	英	仏	西
10,000	ten thousand テン ㋚ウザンド	Dix mille ディミル	Diez mil ディエス ミル
100,000	one hundred thousand ワン ハンドゥ㋹ッド㋚ウザンド	Cent mille サンミル	Cien mil シエン ミル
1,000,000	one million ワン ミリオン	Un million アン ミリオン	Un millón ウン ミジョン
1番目	first ファースト	Premier / Première プルミエ / プルミエール	Primero (a) プリメロ
2番目	second セカンド	Deuxième ドゥジエム	Segundo (a) セグンド
3番目	third ㋚ード	Troisième トルワジエム	Tercero (a) テルセロ
4番目	fourth フォー㋚	Quatrième カトリエム	Cuarto (a) クアルト
5番目	fifth フィフ㋚	Cinquième サンキエム	Quinto (a) キント
6番目	sixth スィクス㋚	Sixième シジエム	Sexto (a) セクスト
7番目	seventh セヴン㋚	Septième セティエム	Séptimo (a) セプティモ
8番目	eighth エイ㋚	Huitième ウイティエム	Octavo (a) オクタボ
9番目	ninth ナイン㋚	Neuvième ヌヴィエム	Noveno (a) ノベノ
10番目	tenth テン㋚	Dixième ディジュム	Décimo (a) デシモ

Appendices
単語集

	英	仏	西

西暦

2015年	year twenty-fifteen イヤー トゥウェンティー フィフティーン	Deux mille quinze ドゥ ミル カンズ	Año dos mil quince アニョ ドス ミル キンセ
2016年	year twenty-sixteen イヤー トゥウェンティー スィクスティーン	Deux mille seize ドゥ ミル セーズ	Año dos mil dieciséis アニョ ドス ミル ディエシセイス
2017年	year twenty-seventeen イヤー トゥウェンティー セヴン ティーン	Deux mille dix-sept ドゥ ミル ディセットゥ	Año dos mil diecisiete アニョ ドス ミル ディエシシエテ
2018年	year twenty-eighteen イヤー トゥウェンティー エイティーン	Deux mille dix-huit ドゥ ミル ディズイットゥ	Año dos mil dieciocho アニョ ドス ミル ディエシオチョ
2019年	year twenty-nineteen イヤー トゥウェンティー ナインティーン	Deux mille dix-neuf ドゥ ミル ディズヌフ	Año dos mil diecinueve アニョ ドス ミル ディエシヌエベ
2020年	year twenty-twenty イヤー トゥウェンティー トゥウェンティー	Deux mille vingt ドゥ ミル ヴァン	Año dos mil veinte アニョ ドス ミル ベインテ

年月

1月	January ジャニュアリー	Janvier ジャンヴィエ	Enero エネロ
2月	February フェビュエリー	Février フェヴリエ	Febrero フェブレロ
3月	March マーチ	Mars マルス	Marzo マルソ
4月	April エイプリル	Avril アヴリール	Abril アブリル
5月	May メイ	Mai メ	Mayo マヨ
6月	June ジューン	Juin ジュアン	Junio フニオ

	英	仏	西
7月	July ジュライ	Juillet ジュイエ	Julio フリオ
8月	August オーガスト	Août ウット	Agosto アゴスト
9月	September セプテムバー	Septembre セプタンブル	Septiembre セプティエンブレ
10月	October オクトウバー	Octobre オクトブル	Octubre オクトゥブレ
11月	November ノウヴェムバー	Novembre ノヴァンブル	Noviembre ノビエンブレ
12月	December ディセムバー	Décembre デサンブル	Diciembre ディシエンブレ
日 (単位)	day デイ	jour(s) ジュール	Día / Días ディア / ディアス
時間 (単位)	hour アワー	heure(s) ウール	Hora / Horas オラ / オラス
分 (単位)	minute ミニット	minute(s) ミヌトゥ	Minuto / Minutos ミヌト / ミヌトス
○年後	years later イヤーズ レイター	an(s) après アン アプレ	año / años después アニョ / アニョス デスプエス
		例	un año después / dos años después ウン アニョ デスプエス / ドス アニョス デスプエス
○年前	years ago イヤーズ アゴウ	an(s) avant アン アヴァン	Hace año / años アセ アニョ / アニョス
		例	hace un año / hace dos años アセ ウン アニョ / アセ ドス アニョス

	英	仏	西

曜日

月曜日	Monday マンデイ	Lundi ランディ	Lunes ルネス
火曜日	Tuesday テューズデイ	Mardi マルディ	Martes マルテス
水曜日	Wednesday ウェンズデイ	Mercredi メルクルディ	Miércoles ミエルコレス
木曜日	Thursday サーズデイ	Jeudi ジュディ	Jueves フエベス
金曜日	Friday フライデイ	Vendredi ヴァンドルディ	Viernes ビエルネス
土曜日	Saturday サタデイ	Samedi サムディ	Sábado サボド
日曜日	Sunday サンデイ	Dimanche ディマンシュ	Domingo ドミンゴ

ヤードポンド法・華氏単位早見表

1インチ＝25.4mm
1ヤード＝0.9144m
1マイル＝1609.344m
1ポンド＝0.45359237kg

華氏0度＝摂氏－17.8度
華氏20度＝摂氏－6.7度
華氏40度＝摂氏4.4度
華氏60度＝摂氏15.6度
華氏80度＝摂氏26.7度
華氏100度＝摂氏37.8度

あとがき

　2014年にオリンピック・パラリンピックの日本開催が決まってから、早くも2年半近くが経とうとしています。決定瞬間の感激は忘れられませんが、まさに"Time flies like an arrow."（光陰矢の如し）。2016年もすでに初夏となり、残るはちょうど4年となりました。

　4年間で巨大な競技場が本当にできるのかしら？ 心配ですね。でもインフラは国にお任せして、私たちは国際親善の準備に励みましょう。私個人にとっては、人生に2度も東京でお迎えするオリンピック・パラリンピック。これは滅多にないことだとワクワクしています。一回目はまだ恋人も居ない学生でした。50年経った今は孫4人のおばあちゃんですが、まだまだ国際親善の現役。去年は、タイのバンコックから来日したウサニーを合掌造りの白川郷に案内しました。ウサニーは1965年にタイ青少年赤十字の代表として私の家にホームステイした子です。それ以来50年、姉妹のように仲良くしてきました。私がバンコックに出張のときは、自宅に泊めてもらい、ウサニーがタイ商務省のミッションを率いて来日したときは、1週間私が通訳として同行しました。写真を見るのに二人で老眼鏡をかけて大笑い。国際親善は楽しくてよいものだなあ、と思います。

東京の路上を歩いていると外国の人の道案内などをする機会があります。すると、とても嬉しいのです。ついでにちょっとおしゃべりしたり…。会ったばかりの外国の人と手を振って笑顔で別れ、ここに幸あり、なんですね。

　2020年、東京にたくさんの幸が生まれますように！

　本書の執筆に当たり、企画をしてくださいました東峰書房の鏡渕社長様に、心より御礼申し上げます。またプロジェクトの舵取りをしてくださった編集者の根本様と出口様にも、感謝しております。たくさんのアドバイス、ありがとうございました。

郷農彬子

郷農彬子　Akiko Gono

　1964年東京パラリンピック通訳。長崎市出身。日本女子大学英文学科卒業。中学時代より英語の特訓を受ける。高校1年のとき、初めてアメリカ人とオーストラリア人の通訳を経験。1967年文部省（文科省）入省。国連ユネスコ担当。その後アメリカとドイツに7年間滞在。帰国後の1983年（株）バイリンガル・グループを設立。国際会議の準備・運営、通訳、翻訳を主たる業務とし、現在に至る。

英語翻訳者・エッセイ「1964年の東京オリンピック昔話」
中島百合子　Yuriko Nakashima

　1964年東京オリンピック通訳。東京都出身。高校在学中、1年間AFS留学。大学在学中はNY市・東京都交換留学生。日本女子大学英文学科卒。全国Debating Contest優勝チームメンバー。結婚後、ドイツに3年間滞在。帰国後翻訳者となる。翻訳実績「フランクリン・ルーズベルト伝」など多数。

英文校閲担当者
ジェレミー・リッチマン　Jeremy Richman

　イギリス生まれ、ロンドン大学文学部卒。長年日本に滞在し、日英翻訳者として活躍中。

フランス語翻訳者
オリビエ・カラヨン　Olivier Carayon

　フランス・国立東洋言語文化学院（4年制大学）で日本語を習得、プロヴァンス大学にて修士号。来日後、企業に正社員として5年間勤務するなど様々な経験を積み、帰国。現在フランスにてフリーランス翻訳者として活躍中。英語も堪能。

スペイン語翻訳者（南米スペイン語）
ミリアン・諸見里　Myrian Moromizato

　ペルー生まれ、ペルー育ち。沖縄キリスト.教短期大学卒業。米国短期語学研修、メリーランド大学アジア校（2年間）、日米英話学院などで同時通訳技術を習得。元バイリンガル・グループ社員。

スペイン語翻訳者（欧州スペイン語・校閲担当）
真穂・カラヨン　Maho Carayon

　日本生まれ、スペイン育ち。国立バルセロナ医科大学中退。バイリンガル・グループに入社後、通訳、翻訳者を経験し、現在はフリーランス。日本語、スペイン語、フランス語、ドイツ語、英語、カタルーニャ語が堪能。現在フランス在住。